中国经济文库·应用经济学精品系列（二）
本专著获得“核资源与环境经济研究”创新团队和国家社科基金（12BJY122）资助

张　坤◎著

江西省生态文明先行示范区能源消耗标准及实现对策研究

A Research on Energy Consumption of Ecological Civilization District in Jiangxi Province

中国经济出版社
CHINA ECONOMIC PUBLISHING HOUSE
北京

图书在版编目（CIP）数据

江西省生态文明先行示范区能源消耗标准及实现对策研究／张坤著.
—北京：中国经济出版社，2018.12
ISBN 978-7-5136-5264-3

Ⅰ.①江… Ⅱ.①张… Ⅲ.①能源消耗—标准—研究—江西②能源消耗—对策—研究—江西 Ⅳ.①F426.2

中国版本图书馆 CIP 数据核字（2018）第 145877 号

责任编辑　张利影
责任印制　巢新强
封面设计　华子图文

出版发行　中国经济出版社
印 刷 者　北京建宏印刷有限公司
经 销 者　各地新华书店
开　　本　710mm×1000mm　1/16
印　　张　13.5
字　　数　190 千字
版　　次　2018 年 12 月第 1 版
印　　次　2018 年 12 月第 1 次
定　　价　50.00 元
广告经营许可证　京西工商广字第 8179 号

中国经济出版社 **网址** www.economyph.com **社址** 北京市西城区百万庄北街 3 号 **邮编** 100037

本版图书如存在印装质量问题，请与本社发行中心联系调换（联系电话：010-68330607）

前　言

能源利用对于生态文明建设至关重要，关系到江西生态文明战略能否走向成功，如何走向成功的问题。因此，探索能源利用与生态文明之间的关系具有十分重要的意义。

虽然江西省各市经济发展对能源的依赖程度在逐年降低，但是江西省能源消耗总量依然较高，而且存在以煤炭为主、能源利用效率参差不齐的特征。其中，能源利用效率较高的是吉安市和南昌市，能源利用效率偏低的是萍乡市和新余市，抚州市是江西省能源利用效率增速最小的城市，而且也是江西省能耗总量最低的城市，这可能是抚州市生态文明指数在江西省位居前列的主要原因。

本书对已有的能源利用与生态文明关系的研究成果进行了总结，系统分析了能源开发、利用等环节对生态文明的影响范围和影响程度，以及影响的机制和路径，现有研究文献证实能源利用和生态文明密切相关。从生态文明的内涵上江西省的生态文明建设应该包括生态经济、生态意识（体现为生态行为）以及生态人居三个方面。在生态文明评价方法上 ECCI 的生态文明评价指标体系及其框架较为科学合理。本书通过理论推导、实例证明、文献总结等方式说明和解释了现有学者在利用熵值法赋权过程中忽视了对原有数据差异关系的保持。通过与极差法、变异系数法的重新结合，成功地对熵值法进行了改进，并利用改进后的熵值法计算了江西省各市 1998—2014 年的生态文明指数。在分析能源利用对江西省生态文明影响的过程中，以单位面积能耗这一指标来表示江西省各市的能源利用情况。

本书的研究结果显示，江西省 11 个市区中，生态文明指数都在不断增长，而且各个市区之间的差异越来越小，存在一定程度上的追赶效应。江西省各个市区不同等级下的单位面积能耗对生态文明的影响程度不同。虽然能源的利用会给生态文明带来一定的负面影响，但是新余市走出一条经济发展与生态文明水平提高相辅相成、相得益彰的发展新路子。新余市的经验值得其他市学习和借鉴。此外，本书发现在一定条件下单位面积能耗的增速与生态文明的增速存在长期稳定的均衡关系，单位面积能耗的增速是引起生态文明增速的格兰杰原因，反之则不是。能源利用对生态文明的滞后性影响是存在的，而且不同的市区滞后时间并不一致。

此外，本书通过考察发达国家能源利用对生态文明建设的影响，为江西省解决能源利用与生态文明建设路径之间的矛盾冲突提供参考经验。本书选取了美国、英国、日本、澳大利亚和法国五个国家作为研究对象，利用其2001—2016年的数据为研究样本，对其开展能源利用与其生态文明程度之间关系的研究。结果表明，五个国家生态文明综合评分的变化趋势比较接近，它们都呈直线增长趋势；预测期（五年）后，英国的生态文明综合评分将会领先，随后依次是美国、日本和法国。同时，除了法国以外，其余四个国家均继续保持增长的趋势。虽然美国能源消耗总量最大，但其每万平方公里的能源消耗实际上相比其他四国并不高。总的来说，五个国家能源消耗水平除了澳大利亚以外均有下降的趋势。五个国家能源消耗与生态文明的相互影响有滞后性，滞后影响年限为3~6年。美国、英国、日本、法国能源消耗和生态文明为反向相关，而澳大利亚能源消耗和生态文明为正向相关。五个国家生态文明程度上的差异，主要与第三产业的比重、GDP均值和GDP环比增速密切相关。

本书证实在三级人均GDP水平（40000亿美元以上）下调整其他可再生能源消耗比例对生态文明建设的边际贡献是最有效的；在二级人均GDP水平下（30000亿~40000亿美元）调整石油消耗量比例对生态文明建设的边际贡献是最低的，然后是天然气的比例，而调整水力能的边际贡献是最大的；在一级人均GDP水平（30000亿美元以下）下仅调整其他可再生能源消耗及核电能源消耗比例是最恰当的，而且其他可再生能源对生态文明建设的贡献是正向的，每增加一单位其他可再生能源消耗比例，将带来 1.065 比例生态文明综合评分的增加；而核电消耗比例对生态文明建设的贡献是负向的，每增加一单位核电能源消耗比例，将带来-0.905 比例生态文明综合评分的减少。因此，在一级人均 GDP 水平下调整能源结构的最佳方案为：尽量增加其他可再生能源消耗的比例并适当降低核电能源消耗比例。

面板数据表明，能源消耗水平的增速对生态文明建设的增速有明显的“弹性影响”，而且这种影响是相对比较弱的。

本书构建了“产耗比”指标，即单位 GDP 能耗下降的百分比与第二产业产值下降百分比之比值，用以反映在发展绿色经济过程中能源消耗与转换的关系。结果显示南昌市、赣州市、吉安市能源转化为经济的效率高，可按目前产业结构大力发展经济。九江市和宜春市应在减少能源消耗为主要任务的基础上，再发展经济。新余市与萍乡市应该改变其现有的发展模式，进行调整，以保护环境、缩减能耗为主要任务。鹰潭市的第二产业产值虽小，但在产业结构中比重过大，单位 GDP 能耗偏低。鹰潭市应按目前发展模式进一步优化产业结构，大力发展经济。上饶市与抚州市应在保护生态与保护第一产业的情况下，减少能源消耗，发展经济。此外，本书也在绿色消费方面提出了一些粗浅的建议。

在本书的编写过程中，袁辉、祝镇东、梁曲杰、曾嘉俊、王佳伟、高琳杰、刘瑜在资料收集、整理方面做了大量工作，在此表示衷心的感谢！

张坤

2018 年 9 月

目　录

绪　论

能源问题和生态问题是人类可持续发展的永恒课题。人类社会发展的历程是先进生产力取代落后生产力的过程，其实质是新的资源消耗方式代替旧的资源消耗方式的过程。经济的发展以消耗资源为基础，在人类发展历史进程的初级阶段，人类活动对整个生态的影响并不大，人类的活动对大自然所产生的影响尚处于整个生态系统的自我修复范围之内。但是，人类在改造自然环境的进程中，忽略了大自然的生态承载力。三次工业革命的开展使得人类消耗自然资源的速度大大加快，人类生存所需的物品增多了，可是人类生存的环境却变得越来越差。目前，水污染、大气污染成为大众最关心的环境问题，尤其近几年雾霾天气频繁出现，使我们意识到依靠资源消耗换取经济高速发展已经到了环境承载力的极限。

生态文明是人类文明发展的新阶段，是我们对未来美好生活的向往和追求。作为对农业文明、工业文明所产生问题的反思和变革，生态文明将是人类发展的必由之路。早在1992年《21世纪议程》中我国就初步提出了可持续发展战略框架。2003年，党的十六届三中全会提出“以人为本，全面协调可持续的科学发展观”。2007年，党的十七大又提出“建设生态文明，基本形成节约能源资源和保护生态环境的产业结构、增长方式、消费模式”，并把它作为全面建设小康社会的一项新要求、新任务。2012年，党的十八大报告中专门阐述了生态文明建设的理念、目标和原则，面对资源约束趋紧、环境污染严重、生态系统退化的严峻形势，必须树立尊重自然、顺应自然、保护自然的生态文明理念。2013年，党的十八届三中全会中突出强调了加快生态文明建设的重要性，生态文明建设重心由理念开始向实践转变。

江西省面临着在经济不发达的阶段建设生态文明的严峻压力。江西省2014年人均GDP位于全国第18位，江西省的经济发展水平在全国处于中下游的水平。因此，在这个阶段，江西省需要解决以下问题：要实现经济快速增长，不能再走高消耗、高污染的粗放式发展道路；能源尤其是煤炭还将大量使用，如何突破瓶颈提高煤炭清洁高效利用水平，减少污染物排放；生态文明建设需跟上步伐，但是却缺乏经济基础。这“三座大山”，让江西省步履艰难。较为可喜的是在《中国省域生态文明建设评价报告2014》中，以生态文明指数来看，江西省属于靠前的领跑型省份，拥有较好的生态基础。因此，研究评价能源利用对江西省各个市生态文明的影响，一方面，能够辨析在属于经济不发达的江西省内各市区能源利用对生态文明的影响差异；另一方面，则能够发现能源利用对江西省生态文明影响的规律性变化，为当前江西省推进生态文明建设和能源利用提供有针对性的参考建议。

第一章　江西省生态文明先行示范区能源消耗情况分析

第一节　能源消费结构的历史变化

能源与环境有着十分密切的关系，能源的生产和使用会给生态环境带来一定的影响。从表 1-1 和图 1-1 可以看出，就江西省能源生产总量来看，江西省一次能源匮乏，能源结构仍将以煤炭为主，以水电、风电、天然气等新能源为辅，核资源处于规划建设初期，有开采价值的油气资源尚未形成规模。表 1-1 中，2001—2015 年江西省能源生产总量整体呈现逐步上升的趋势，2000 年，能源生产总量为 1293.2 万吨标准煤，2015 年江西省能源生产总量为 2356.9 万吨标准煤，增幅达到 200%左右。原油与天然气目前尚未探明开采。

表 1-1　2000—2015 年江西省能源生产总量及其构成

时间	能源生产总量（万吨标准煤）	原煤（%）	石油（%）	天然气（%）	水电、风电（%）
2000	1293.2	81.5	—	—	18.5
2001	1242.7	80.5	—	—	19.5
2002	1252.2	77.0	—	—	23.0
2003	1505.4	83.5	—	—	16.5
2004	1902.5	81.9	—	—	18.1
2005	2010.5	86.0	—	—	14.0
2006	2241.0	84.6	—	0.1	15.3

续表

时间	能源生产总量（万吨标准煤）	原煤（%）	石油（%）	天然气（%）	水电、风电（%）
2007	2253.3	87.9	—	0.3	11.8
2008	2395.0	87.0	—	0.2	12.8
2009	2528.8	89.1	—	0.2	10.7
2010	2312.8	82.8	—	0.2	12.9
2011	2581.6	88.3	—	0.7	11.0
2012	2601.2	81.0	—	0.5	18.5
2013	2558.8	83.3	—	0.8	15.9
2014	2451.9	82.0	—	0.2	17.8
2015	2356.9	66.9	—	0.2	26.5

数据来源：《江西省统计年鉴》(2016)。

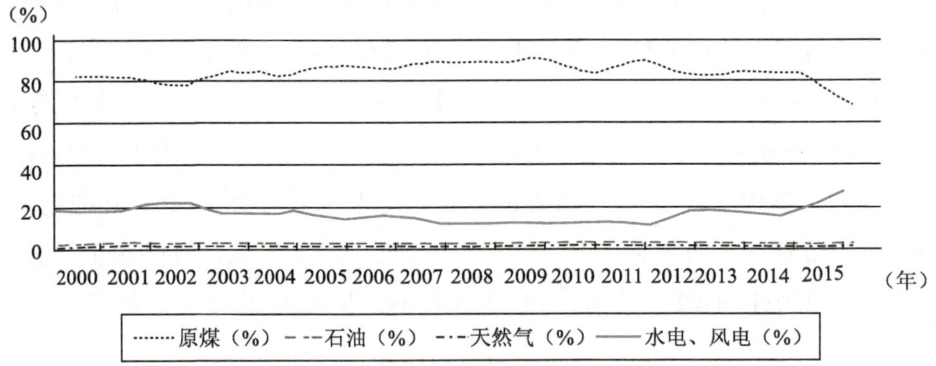

图 1-1　2000—2015 年江西省各能源生产占比图

从江西省能源利用结构上看，江西省一直以来是典型的以煤炭为主要能源的省份。2000—2011 年，江西省原煤在能源消耗总量中的比重一直维持在 70%以上，2012—2015 年，煤炭消费总量占比也达 60%以上。除此之外，使用较多的能源是石油，维持在 17%~20%左右的比例。然而相对清洁的水电和风电占比由 2000 年的 12%左右下降为 6%~7%。2006 年天然气才进入能源消耗总量的范围，天然气消费占比逐年上升，2015 年达 2.7%，但是始终无法改变以煤炭为主的能源消费结构，并且可以看出江西省能源结构不合理情况的严峻之处。具体情况见表 1-2 和图 1-2。

表 1-2　2000—2015 年江西省能源消耗总量及其构成

时间	能源消耗总量（万吨标准煤）	原煤（%）	石油（%）	天然气（%）	水电、风电（%）
2000	2505.0	70.5	17.3	—	12.2
2001	2628.0	71.5	17.0	—	11.5
2002	2933.0	68.7	21.8	—	9.5
2003	3426.0	74.5	22.2	—	3.2
2004	3814.0	72.6	16.9	—	10.5
2005	4286.0	74.0	17.0	—	6.6
2006	4660.1	73.8	16.9	0.2	7.4
2007	5052.5	74.9	16.9	0.3	5.3
2008	5383.0	71.7	16.7	0.6	5.7
2009	5812.5	72.0	16.0	0.5	4.7
2010	6280.6	71.0	16.3	1.0	4.7
2011	6847.1	74.0	15.6	1.2	4.1
2012	7148.3	69.5	15.8	1.9	6.8
2013	7582.9	70.5	17.5	2.4	5.4
2014	8055.4	68.0	16.9	2.5	5.4
2015	8440.3	66.8	17.3	2.7	7.4

数据来源：《江西省统计年鉴》（2016）。

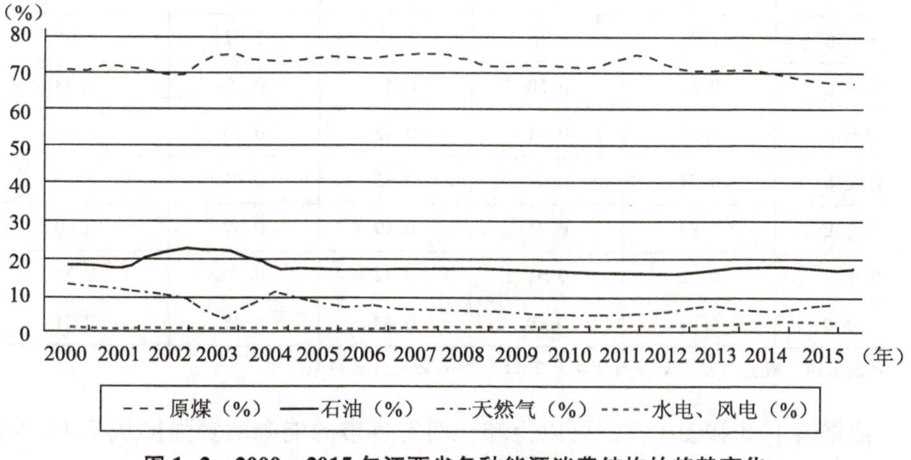

图 1-2　2000—2015 年江西省各种能源消费结构的趋势变化

第二节 江西省能源利用效率评价

一、单要素能源效率

单位产值能耗也叫作能源消费强度，能够综合反映能源利用效率。能源消费强度是根据能源和经济的相关性，来反映经济的发展对能源的依赖程度。换句话说，能源消费强度的高低，表明能源经济效率的高低，即能源消费强度越低，能源效率越高；反之，能源效率则低。其计算公式为：

能源消费强度=年能源消费总量/年国民经济收入

表 1-3 2011—2015 年江西省各市能源消费强度表

地 区	2011	2012	2013	2014	2015
江西省	0.59	0.55	0.53	0.51	0.50
南昌市	0.57	0.54	0.48	0.35	0.34
景德镇市	0.64	0.61	0.51	0.50	0.50
萍乡市	1.56	1.46	1.07	1.04	0.99
九江市	0.73	0.72	0.66	0.61	0.61
新余市	1.27	1.15	1.10	1.07	1.01
鹰潭市	0.52	0.50	0.43	0.39	0.38
赣州市	0.58	0.54	0.42	0.40	0.40
吉安市	0.51	0.47	0.35	0.34	0.33
宜春市	0.82	0.75	0.59	0.59	0.60
抚州市	0.52	0.51	0.42	0.40	0.39
上饶市	0.53	0.49	0.43	0.41	0.41

数据来源：根据《江西省统计年鉴》2011—2016 数据计算得来。

依据表 1-3 和图 1-3，可以得知江西省各市的能源消费强度从 2011 年到 2015 年逐渐在降低，说明江西省各市整体经济的发展对能源的依赖程度在降低。首先，新余市和萍乡市这两个城市的能源消费强度虽然在逐年下降（新余市能源强度从 2011 年的 1.27 下降到 2015 年的 1.01；萍乡市能源强度从 2011 年的 1.56 下降到 2015 年的 0.99），但是相对于江西省的平均能源强度 0.53 而言，这两个市的能源消费强度还是相对较高的，也说明其经济的发展对能源的依赖很大。其次是九江市和宜春市，在 2015 年这两个市的能源消费强度分别是 0.61 和 0.60，高出江西省的平均水平，能源利用效率可见一般。在其余几个市中，吉安市的能源效率最高，2015 年中，能源消费强度是 0.33；然后是南昌市，能源消费强度是 0.34，两个市差别不大，能源利用效率较好。

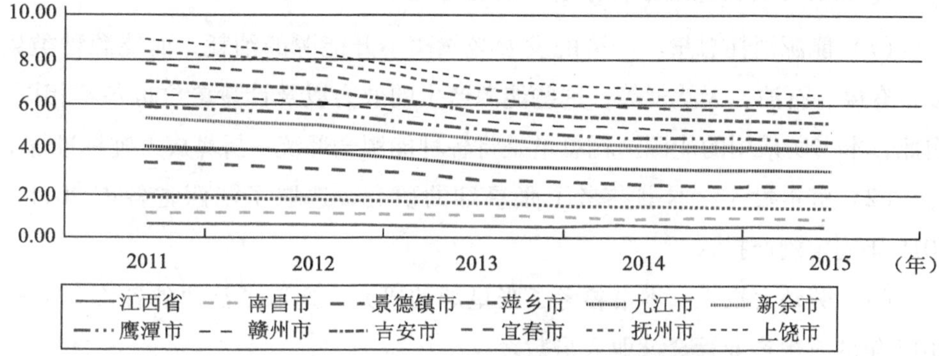

图 1-3　2011—2015 年江西省各市能源消费强度图

根据江西省各市能源利用效率情况，我们对江西省各市能源利用效率进行了简单分类，见表 1-4。

表 1-4　江西省各市能源利用效率分类

效率高	吉安市、南昌市
效率中等	鹰潭市、赣州市、抚州市、上饶市
效率一般	景德镇市、九江市、宜春
效率差	萍乡市、新余市

二、全要素能源效率

前面我们仅考虑一种要素，即根据地区能源消耗与地区生产总值的相关关系来分析各市的能源效率，但是并没有很好地体现出实际产出过程中加入其他生产要素的相关性。因此，本书选取了我国最常使用的全要素能源效率评价方法 DEA 中的 CCR 模型，通过选取投入指标与产出指标进行相关计算，得出能源效率评价值。本书共统计了江西省 11 个市以及江西省的数据，共计 12 个数据，即在 CCR 模型中，共计 12 个数据单元格。在本书中选取了 3 个投入指标，分别是：能源消耗总量指标、资本投入指标和劳动力投入指标；选取了 1 个产出指标，即地区生产总值，如表 1-5 所示。计算过程以及结果在下面的内容里介绍。

1. DEA（数据包络分析方法）的指标选择

（1）能源消耗总量。经济的发展必然离不开能源的消耗，而能源种类繁多，有煤、石油、天然气等，这些能源产生的效力以及计量单位也各不相同。因此，本书所采用的能源消耗总量是将各种能源全部统一折算成万吨标准煤。

（2）资本投入。本书参考了张星灿的研究，选取了江西省各市 2011—2015 年固定资产投入。

（3）劳动力投入。本书参考了张星灿的研究，选取了江西省各市 2011—2015 年的三次产业社会就业人员数。

（4）地区生产总值。地区生产总值可以作为一个地区经济产出的评价指标，可以较为全面地反映地区经济产出。

表 1-5　基于 DEA 模型全要素能源效率框架

投入指标			产出指标
能源消耗总量	资本投入	劳动力投入	地区生产总值
X1	X2	X3	X4

2. 基于 DEA 江西省示范区能源效率实证分析

本书使用了 CCR 模型研究江西省能源效率，并且选取了 12 个决策单元、3 个投入指标、1 个产出指标，选取的数据为 2011—2015 年。从《江西省统计年鉴》中获得 2011—2015 年的数据并整合，通过 Deap 2. 1 软件运算得到以下数据，如表 1-6 所示。

表 1-6　2011—2015 年江西省以及江西省 11 个市综合能源效率值

地　区	2011	2012	2013	2014	2015
江西省	0.876	0.854	0.666	0.659	0.663
南昌市	0.900	0.871	0.737	0.952	0.971
景德镇市	0.805	0.773	0.683	0.681	0.663
萍乡市	0.328	0.323	0.327	0.326	0.339
九江市	0.701	0.657	0.533	0.549	0.547
新余市	0.403	0.410	0.319	0.317	0.332
鹰潭市	0.983	0.939	0.811	0.868	0.874
赣州市	0.885	0.868	0.84	0.837	0.834
吉安市	1	1	1	1	1
宜春市	0.623	0.632	0.589	0.570	0.560
抚州市	0.989	0.924	0.841	0.850	0.854
上饶市	0.971	0.972	0.807	0.815	0.812

数据来源：《江西省统计年鉴》（2011—2015），运算工具 Deap 2.1。

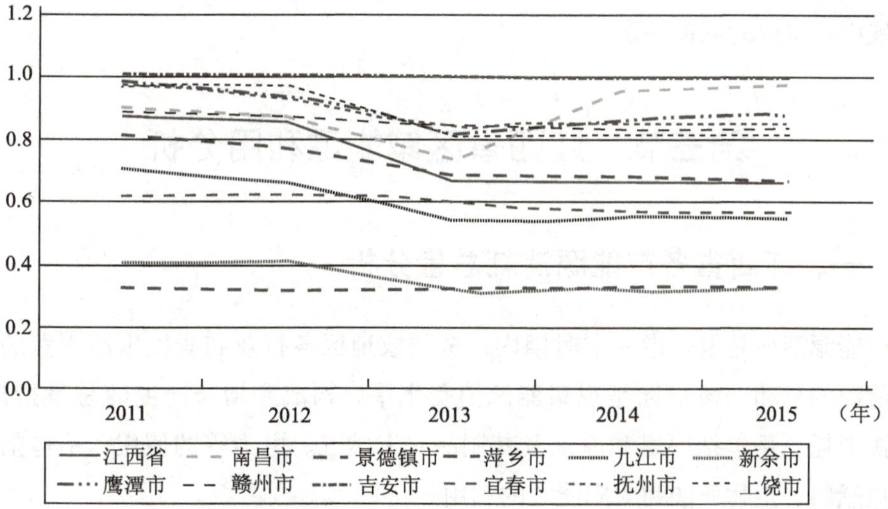

图 1-4　2011—2015 年江西省以及江西省 11 个市综合能源效率值

从江西省各市能源消耗效率可以看出，2015 年江西省各市中吉安市的能源消耗效率 DEA 有效（均为 1），吉安市构成了江西省能源消耗效率的前沿面。其他各市的能源消耗效率由高到低依次为南昌市（0.971）、鹰潭市（0.874）、抚州市（0.854）、赣州市（0.834）、上饶市（0.812）、景德镇市（0.663）、宜春市（0.560）、九江市（0.547）、萍乡市（0.339）和新余市（0.332）。从整体能源效率来看，大部分市都高于整个江西省的效率（0.663），只有宜春市、九江市、萍乡市和新余市的效率低于江西省的效率。将 11 个市的能源消耗效率进行分类，如表 1-7 所示。

表 1-7　江西省各市能源综合效率分类

效率高	吉安市、南昌市
效率中等	鹰潭市、赣州市、抚州市、上饶市
效率一般	景德镇市、九江市、宜春
效率差	萍乡市、新余市

对比表 1-4 和表 1-7，我们发现在考虑了全要素情况下，江西省各个地市的能源利用效率并未发生改变，这说明能源在目前江西省各个地市的经济发展中是主要的驱动因素。

第三节　江西省区域能源利用分析

一、江西省各市能源消耗总量分析

能源消耗总量是指一定时期内，全国或地区各行业和居民生活消费的各种能源的总和。该指标是观察能源消费水平、构成和增长速度的总量指标。能源消耗总量包括原煤和原油及其制品、天然气、电力等的使用，不包括低热值燃料、生物质能和太阳能等的利用。

表 1-8 和图 1-5 展示了江西省 2010—2015 年能源消费情况，从全省范围来看，江西省能源消耗总量呈逐年上升的趋势，且上涨幅度较为稳定，起伏不大，说明江西省近 6 年的能源消耗总体上较有规律。从各地区来看，横向

上，南昌市的能源消耗量一直领先其他城市，在全省排名第一，其次是九江市、萍乡市、新余市、宜春市，如图 1-6 所示。从纵向上看，2012 年成为江西省绝大多数城市的能源消费分界点。在 2012 年以前能耗都是逐年递增的，但在 2012 年以后受国家政策和江西省生态文明建设的影响，除九江市外，江西省各地区的能源消耗量在 2013 年均有所下降，2013 年以后年度能源消耗增长也比以前年度减少了很多。

表 1-8　2010—2015 年江西省及江西省各市能源消耗总量①

（单位：万吨标准煤）

时 间	全省	南昌市	景德镇市	萍乡市	九江市	新余市	鹰潭市	赣州市	吉安市	宜春市	抚州市	上饶市
2010	6354.90	1669.90	359.40	1076.60	809.20	980.20	273.50	766.80	523.70	811.80	379.20	719.00
2011	6928.17	1530.95	359.70	1027.13	918.88	990	222.90	773.50	450.50	886.90	384.70	586.20
2012	7232.92	1622.87	383.26	1068.73	1019.52	954.39	242.11	819.50	474.29	930.78	420.83	613.76
2013	7672.70	1257.10	348.90	854.90	1052.90	926.80	239.20	698.30	393.80	824.70	391.70	608.60
2014	8055.36	1301.18	365.81	895.70	1094.15	959.82	236.21	743.93	419.45	902.81	412.00	642.43
2015	8440.34	1377.84	389.51	899.26	1163.70	953.17	244.60	792.07	444.45	966.54	432.79	680.29

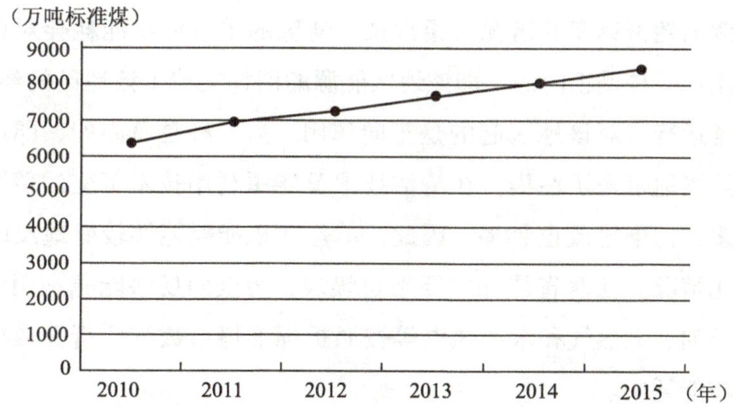

图 1-5　2010—2015 年江西省能源消耗趋势图

① 根据历年江西省统计年鉴整理所得。

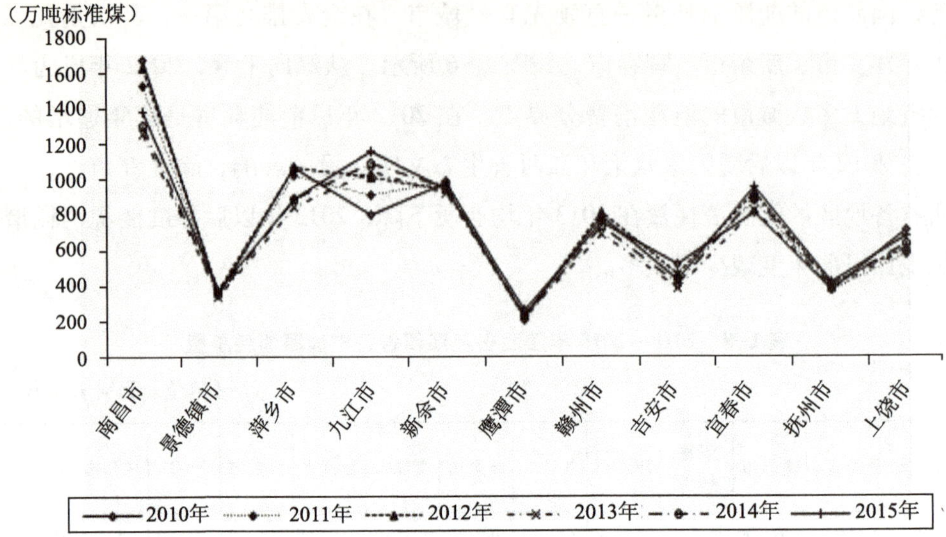

图 1-6　江西省各地区能源消耗趋势图

二、江西省各市单位面积能耗分析

单位面积能耗是指某一地区的能源消耗量除以该地区的面积，单位为吨标准煤每平方千米。该指标通常用于计算建筑能耗。单位面积能耗能够反映某地区能源消耗密集度的情况。通常某一地区的单位面积能耗会对该地区产生两种作用：一种是正向的，即该地区能源的消耗支撑了该地区的经济发展、社会的日常运行，对该地区起的是正向作用。另一种是负向的，即该地区能源的消耗给当地带来了污染。在清洁技术及能源利用技术不变的情况下，能源消耗越多，污染排放也越多。因此，单位面积能耗能够较好地反映该地区的能源利用情况。江西省能耗主要来自煤炭，为全面反映能源利用情况，本书同时将石油、天然气和水电风电等按照折标准煤系数统一折算成标准煤纳入单位面积能耗中。

单位面积能耗=能源消耗量/行政区划土地面积

表 1-9 中计算了江西省各市 1998 年以来的单位面积能耗演变情况，总的来看，各市单位面积能耗呈波动上升的情况，然而不同地区单位面积能耗各

有差异。比如：在整个上升趋势中各地出现了不同的转折点。上饶市从 2007 年突破 100 吨/千米^2 大关之后开始迅速增长，而宜春市单位面积能耗在 2004 年开始稳定增长，景德镇、萍乡、新余和吉安单位面积能耗在 2010 年出现转折点。具体而言各市差异表现在以下几个方面：

第一，起点和终点各不相同。如果以 1998 年为起点，赣州、抚州和上饶三个市单位面积能耗起点相对较低，不超过 30 吨每平方千米。然而南昌、景德镇、萍乡等地，起点均在 300 吨/千米^2 以上，尤其是新余市在 1998 年更是达到了 900 多吨/千米^2。如果从终点横向对比来看，此时的赣州、抚州和上饶又产生了差异。其中，赣州和抚州变动不大，但是上饶突破了 100 吨/千米^2 的大关。而当初起点最高的新余更是达到了 3285. 69 吨/千米^2 的高度，远远超出了其他各个市区的数值。

表 1-9　1998—2014 年江西省各市单位面积能耗　（单位：吨/千米^2）

时间	南昌市	景德镇市	萍乡市	九江市	新余市	鹰潭市	赣州市	吉安市	宜春市	抚州市	上饶市
1998	309. 21	432. 68	723. 54	311. 66	979. 56	324. 98	13. 83	19. 93	106. 88	14. 44	27. 67
1999	375. 97	360. 20	655. 74	318. 17	1009. 01	314. 58	15. 24	16. 65	126. 05	13. 39	28. 52
2000	316. 12	369. 87	646. 81	361. 89	694. 84	341. 30	13. 58	16. 29	135. 28	12. 23	22. 46
2001	315. 37	367. 76	602. 07	348. 33	1004. 71	337. 53	11. 12	29. 22	136. 75	5. 55	26. 67
2002	350. 60	371. 35	672. 58	361. 66	1145. 73	382. 22	10. 84	44. 59	119. 95	5. 78	23. 77
2003	408. 39	413. 22	502. 96	420. 51	941. 26	406. 74	11. 62	53. 29	182. 82	6. 93	26. 02
2004	555. 78	552. 78	1160. 34	510. 93	1670. 71	516. 35	16. 12	68. 99	284. 40	12. 98	45. 67
2005	556. 30	566. 73	1490. 87	493. 24	1841. 75	477. 10	15. 75	70. 44	300. 90	18. 31	57. 74
2006	711. 14	602. 24	1992. 60	549. 72	2075. 97	718. 50	24. 14	73. 51	336. 80	14. 00	63. 84
2007	731. 23	676. 35	2418. 00	551. 73	2199. 71	726. 80	30. 99	79. 30	384. 87	16. 35	104. 41
2008	523. 22	640. 33	2668. 51	565. 62	2155. 04	599. 91	36. 39	75. 76	454. 99	19. 67	129. 47
2009	437. 20	617. 10	2368. 16	642. 63	2850. 63	457. 97	59. 78	76. 07	432. 51	13. 45	150. 52
2010	679. 83	552. 00	2771. 92	636. 08	3277. 64	423. 33	59. 42	128. 68	464. 91	16. 54	145. 93
2011	724. 06	1023. 86	2553. 77	638. 32	3514. 08	400. 39	62. 26	152. 58	507. 53	18. 42	170. 58
2012	709. 90	1225. 09	2274. 09	673. 86	3311. 66	610. 37	54. 84	123. 92	475. 27	19. 09	161. 96
2013	727. 57	1290. 35	2383. 12	760. 65	3273. 16	847. 68	58. 53	133. 04	512. 24	21. 34	166. 12
2014	697. 36	1243. 37	2422. 43	739. 20	3285. 69	820. 07	58. 01	125. 36	569. 15	19. 31	167. 17

第二，平均增长速度差异巨大（表 1-10）。在 11 个市区中，平均增速最

大的是吉安市。吉安市单位面积能源消耗量由 1998 年的 19.93 吨/千米^2 上升至 2014 年的 125.36 吨/千米^2，平均每年增幅达到了 31.11%。增幅最小的是抚州市，平均每年增幅为 1.98%。抚州市作为 2010 年全国绿色生态城市以及中国低碳经济示范市，其生态环境优美与其单位面积能源消耗量极低的增幅密切相关。单位面积能源消耗的增长速度的变化也从侧面印证了在目前条件下单位面积能源的消耗对环境依然起着相当大的破坏作用。

第三，不存在一个标准的单位面积能源消耗量值。表 1-9 中数据显示，江西省各市都有自己独有的单位面积能源消耗量值演变路径，不存在向某个数值靠拢的现象。在图 1-7 中给出了每年单位面积能耗变异系数，图 1-7 中显示 11 个市之间的差异并不存在一个明显的趋势。从 1998—2014 年整体来看，各市单位面积能耗差异并不存在某种追赶现象或者分化现象，只是在具体的阶段上呈现了一定的追赶或分化现象。1998—2005 年大约每三年就会出现一次波动，在追赶与分化之间来回地变换。但是在 2005—2010 年各市之间的差异却呈现拉开的趋势，出现分化现象。而且图 1-7 中显示，变异系数值 1.1 可能是各市单位面积能源消耗量能源差异的划分点，2005 年之前，差异波动均在 1.1 之下，而 2005 年后，差异波动在 1.1 之上。

表 1-10　1998—2015 年江西省各市单位面积能耗平均增长速度

地　区	平均增长速度（%）
南昌市	7.38
景德镇市	11.02
萍乡市	13.81
九江市	8.07
新余市	13.85
鹰潭市	8.96
赣州市	18.80
吉安市	31.11
宜春市	25.44
抚州市	1.98
上饶市	29.66

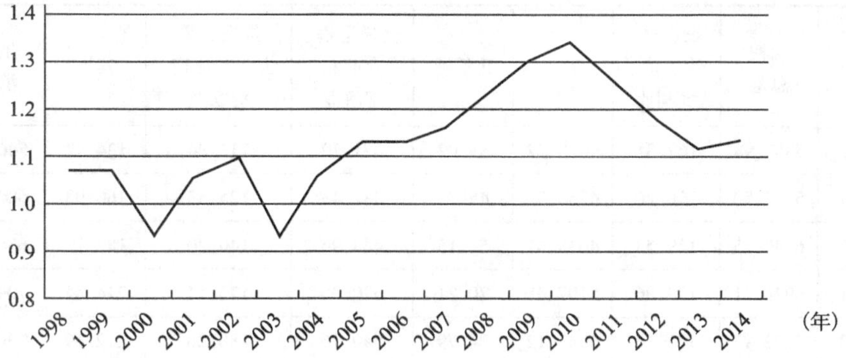

图 1-7　1998—2014 年江西省各市单位面积能耗变异系数变动图

第四节　江西省各行业能源利用分析

各行各业对能源均有所需求，但各个行业对能源的需求量各有不同，表 1-11 展示了 2005—2015 年江西省能源消耗的行业分布情况。更直观地观察可以借助图 1-8，可以清楚地看出，从横向上看，首先是工业，工业是江西省能源消耗最大的行业，约占江西省能源消耗总量的 70%，远远高于其他行业；其次是生活消费；最后是建筑业的能源消耗量最少。从纵向上看，各个行业能源消耗量都是逐年上升的，其中工业的年增长幅度最大，远远超过其他行业。

表 1-11　2005—2015 年江西省能源消耗行业分布表①

（单位：万吨标准煤）

时间	消耗总量	农、林、牧、渔、水利业	工业	建筑业	交通运输、仓储和邮政业	批发、零售业和住宿、餐饮业	其他	生活消费
2005	4286.01	206.89	3076.99	28.39	327.94	75.20	101.72	468.88
2006	4660.10	228.35	3372.44	30.35	344.90	67.98	106.30	509.77
2007	5053.76	187.45	3751.29	31.72	362.38	83.80	118.43	518.66

① 根据历年江西省统计年鉴整理所得。

续表

时间	消耗总量	农、林、牧、渔、水利业	工业	建筑业	交通运输、仓储和邮政业	批发、零售业和住宿、餐饮业	其他	生活消费
2008	5382.98	167.31	4010.22	39.02	371.70	113.84	134.42	546.47
2009	5812.50	156.26	4336.59	45.36	387.43	125.33	160.93	600.60
2010	6280.55	139.58	4635.41	57.15	468.94	140.70	182.70	656.07
2011	6928.21	132.96	5107.38	70.21	520.00	173.14	214.84	709.68
2012	7232.97	121.16	5343.12	74.79	540.76	180.26	222.19	750.68
2013	7672.72	126.75	5562.44	91.59	604.80	192.67	247.44	847.02
2014	8055.36	129.94	5761.35	92.00	679.48	219.74	274.30	898.55
2015	8440.34	131.21	5916.38	109.16	755.49	232.54	301.20	994.45

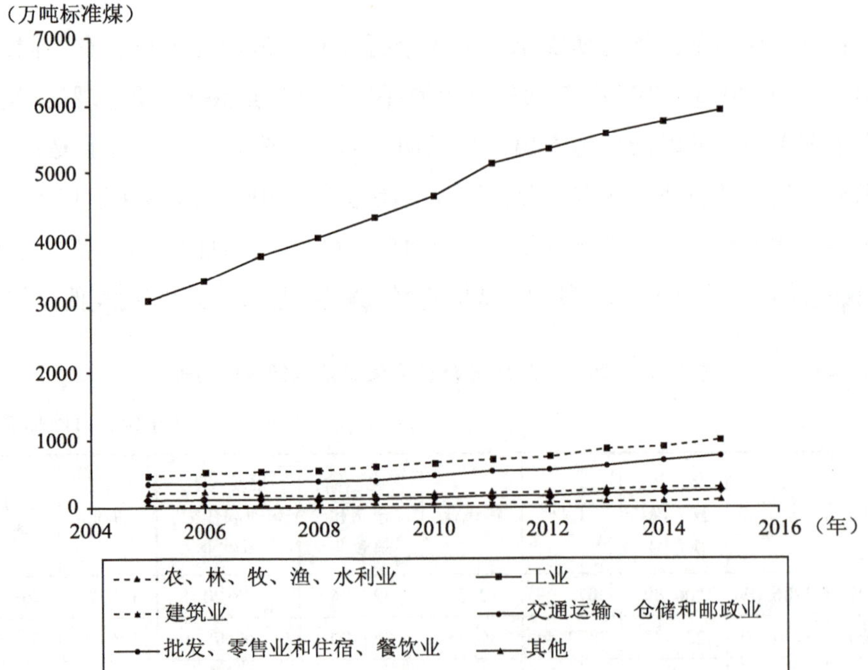

图 1-8　2004—2016 年江西省各行业能源消耗趋势

第二章　江西省生态文明先行示范区生态文明水平评价

第一节　关于生态文明的相关理论基础

一、可持续发展理论

可持续发展是 20 世纪 80 年代提出的一个新概念，是应时代的变迁、社会经济发展的需要而产生的，得到了国际社会的广泛认同。

（一）可持续发展的内涵及核心思想

1989 年 5 月，“联合国环境发展会议”通过了《关于可持续发展的声明》（以下简称《声明》）。在该《声明》中明确了什么叫可持续发展，即在满足现阶段人类需求的同时，又不会对后代人的生存和发展构成威胁，还明确规定满足发展需求不能以侵犯他国为手段。

可持续发展所体现的核心思想是人类的各种需求得到满足，资源和生态环境得到保护，人类社会的发展符合客观规律，生态要持续、社会要公正、人们要积极参与。可持续发展的实质是发展，是建立在经济、社会、资源和环境协调共进基础上的一种发展，其宗旨是既能相对满足当代人的需求，又不会对后代人的发展构成危害。

（二）可持续发展的原则

1. 公平性原则

可持续发展体现的是一种代内和代际间机会均等和利益均等的发展。在代内间，各国各地区不能为了发展需求而侵害他国或其他地区利益，要公平公正的进行发展；在代际间，当代人的发展不能以牺牲后代人的利益和发展机会满足自身发展。

2. 可持续性原则

可持续发展所追求的是一种可持续性的发展，既要实现能源资源的可持续利用，又要实现生态系统可持续性发展。要实现经济社会可持续性发展，必须制定合理的能源消耗标准，在生态可承载范围内开采和利用自然资源，符合自然发展的客观规律。

3. 协调性原则

可持续发展所要遵循的协调性原则主要是指人类社会、经济发展以及生态环境的相互协调。人类社会、经济的发展要符合自然规律，不能以破坏生态环境为前提，必须处理好能源资源利用与生态环境之间的问题，协调好发展与保护之间的关系，解决矛盾，注重均衡和效率。

（三）可持续发展理论对能源利用与生态文明相关研究的指导意义

可持续发展要求人类对自然资源的利用必须在环境的承载范围之内，在合理并提高自然资源利用的基础上，在生态可承受范围内推动经济的发展，这些体现了人类对工业发展进程反思的结果。人类利用自然界的物质表现是自然资源，环境是资源的状态，而生态是人类需求与各种自然资源之间的相互关系。可持续发展主张资源可持续利用的观点，要实现生态体系平衡，必须合理开发和利用自然资源，对污染进行防治，保护生态环境。

可持续发展相关概念最早出现在生态学中，对可持续发展理论和实践的研究意义较大。生态文明和可持续发展都是人类不可或缺的两个系统，无论是从内涵上还是从本质上来说，二者都存在着必然的联系。可持续发展是人类文明进步的表现，人类文明以可持续发展作为实现途径。可持续发展的最佳社会形态是生态文明，人类社会进步要符合自然发展规律，与自然保持和谐状态，对于任何破坏自然规律，对自然资源进行掠夺性开发和利用的行为都不利于人类社会的可持续发展。可持续发展主张人与自然的协调发展，能源资源利用与生态文明之间要协调推进。生态文明建设的出发点是尊重自然规律、保护生态环境，强调人与自然、社会和经济之间的协调，依托可持续发展，坚持可持续发展与保护生态环境并重的原则，最终实现人的全面发展。推动生态文明建设是人类社会可持续发展的必然选择，可持续发展能够推动和促进生态文明建设。

二、低碳经济理论

“低碳经济”概念首次出现在2003年英国政府发表的《能源白皮书》中。随后，欧盟、美国、日本等发达国家通过多种途径展开有关低碳经济建设的行动。《气候变化2007：联合国政府间气候变化专门委员会第四次评估报告》发表以后，低碳经济理念更加受到国际社会的广泛关注，世界各国经济发展模式纷纷向低碳经济转型。2009年末结束的哥本哈根世界气候大会与会各国虽然没能就如何应对气候变化达成更广泛的共识，但却进一步掀起了各界对“低碳经济”的热议。

1. 低碳经济的概念及实质

温室气体排放引起的全球气候变化，导致一系列环境问题正严重威胁着人类的生存与发展，在这种大背景下，“低碳经济”受到越来越多的国家的关注。低碳经济的经济发展模式是以低能耗、低污染、低排放为基础，它的提出是人类社会继农业和工业文明之后的又一大进步。

低碳经济的实质内容是提高能源利用效率，解决清洁能源结构等问题。低碳经济的核心内容是促使人类生产生活观念的根本性转变，推动能源资源技术创新以及制度创新。低碳经济是一种实现生态环保和经济发展的经济形态，它以科学发展观作为指导思想，以低碳型企业为基础，采用绿色科技、清洁生产技术和新能源开发等手段，降低碳消费和减少碳排放，目的在于正确处理好经济发展和能源资源利用之间的关系。

2. 低碳经济的特征

对于低碳经济的特点，世界各国并没有统一的认识。但并不是说低碳经济发展模式特点繁杂，其特征可以归结为以下几个方面：

（1）低碳经济发展过程需要降低能耗、减少碳排放和污染物排放。

（2）不能再以资源、能源高消耗和环境污染来换取经济的发展，经济的增长需要提高能源利用效率，减少碳排放。

（3）要想发展低碳经济，必须推进技术创新。

（4）低碳经济主张开发和利用清洁能源，将其作为低碳经济发展的物质基础。

（5）制定相应制度，建立健全相关制度和法律体系规范，尤其是在低碳技术创新和清洁能源使用方面。

3. 低碳经济理论对能源利用与生态文明相关研究的指导意义

低碳经济的实质是提高能源利用效率，解决好清洁能源结构等问题。这就要求世界各国在能源使用过程中转变能源利用方式，大力发展清洁能源，提高能源利用效率。因此，研究低碳经济理论对能源利用具有指导意义。

低碳经济主张人类生产生活观念应该得到根本性转变，推动能源资源技术创新以及制度创新，要求开发和利用清洁能源，推进节能减排技术的创新，调整产业结构，最终达到人与自然和谐发展的目标。因此，低碳经济是一种在生态文明观下新的经济发展模式，推动工业文明向生态文明转变。同样，只有将低碳经济和生态文明相结合，在低碳经济发展模式基础下推进生态文明建设与低碳发展，才是实现生态文明建设的有效途径，才能最终实现经济、社会和生态环境的协调永续发展。

三、协调发展理论

改革开放40年，我国经济取得飞速发展，综合实力增强，人民生活水平得到有效提高。伴随着经济的快速发展，资源短缺和生态环境破坏等问题日益突出，并愈加严重地制约着经济健康发展。因此，我国现阶段面临的基本问题之一是如何实现能源资源、环境和经济的协调发展。自美国著名学者Norgaard于1990年提出协调发展理论以来，即在社会与生态系统之间可以通过反馈环来实现发展，世界各国不断开展有关社会、生态协调发展的相关研究，取得了一些显著成效。20 世纪 90 年代开始，我国开始进行有关经济、社会、能源、环境和生态发展系统的协调性研究，探讨了各系统内部协调发展的目标和研究的指导思想。

1. 协调的定义与协调的特征

协调是处于一种不断变化的动态过程，其系统内部所包含的要素之间也处于相互调整之中，其既是一种状态，又是一个不断调整过程。作为一种状态，协调内部各个要素之间的融洽关系，以及各要素所组成的一种相互作用，以追求最佳整体效应为目标，形成一种相互和谐的良性循环态势。协调也是一个不断调整的过程，具有控制和管理职能，以组织的发展为目标，调节整体中各种活动的相互关系，缓解各要素之间的矛盾，推进整体协调发展。协调具有以下特点：

（1）协调并不是反映内部各个要素的发展状态，而是反映各个内在要素之间相互配合和作用的一种状况，内部各要素的最优并不等于整体最优或系统协调。

（2）协调应当是动态发展的，整体目标的实现需要各内部要素之间根据实际情况，实事求是，在保障目标实现的基础上给予适当调整。

2. 协调发展及其特征

由上文可知，协调是处于一种不断变化的动态过程，其系统内部所包含的要素之间也处于相互调整之中，表现为一种和谐，是一种良好的关联。发展是在系统中一种进步变化的过程，既有量的变化，又有质的变化，表现为一种演变过程。因此，协调发展应当是协调与发展的综合，只有整体内部各要素之间和谐统一、良性循环，才能在此基础上进行一种总体进步演变的过程。协调发展理念强调的是一种整体、内在的发展整合，并不是简单的内部各个要素或整体的增加，而是在协调的基础之上的一种综合发展。它所追求的是一种整体上升、优化全局的共同发展目标。具有如下特点：

（1）协调发展应当建立在资源环境可承载能力范围之内，不能超出这一范围，否则就不协调。

（2）社会经济与环境应当协调发展，相互促进，主要表现为三个方面：第一，社会经济发展推进技术的创新，提高了能源利用效率，减少了污染物排放，促使人类寻求新的可替代能源；第二，改善社会经济发展结构，调整能源利用结构，减少能源消耗，提高利用率；第三，社会经济得到发展，人们生活水平得到很大的提高，居民环保意识增强，对提高生态环境承载力具有促进作用，反过来又推动社会经济发展。

（3）尊重客观规律，加强以人为本的协调发展理念。以人为本并不是一味强调只要为了人的发展而不符合客观规律的需要，人是自然的一部分，在满足人的需求时要符合自然发展规律，促进人与自然的和谐发展。

3. 协调发展理论对能源利用与生态文明相关研究的指导意义

生态文明不仅包括生态环境要好，还包括政治民主、经济良性发展和文化底蕴深等，它是由多种因素共同构成的综合体，这些因素协调共进、相互作用，对于生态文明建设非常重要。生态文明建设离不开能源、经济、环境和生态的协调发展，缺一不可，其中清洁能源是动力，健康经济是基础，优质环境是保障，自然生态是标志。由能源、经济、环境和生态所构成的整体，是一种相互关联、作用和渗透的动态复杂系统，只有将这些因素协调起来，共同作用，才能推进生态文明健康永续发展。

四、生态足迹理论

生态足迹理论被应用于生态文明研究，其影响力比较大的是北京大学杨开忠等学者基于生态足迹理论所构建的我国各省市 2007—2009 年生态文明指数。生态足迹（Ecological Footprint）也称“生态占用”，1992 年最早由加拿大生态经济学家 William E. Rees 等提出，随后于 1996 年由其博士生 Wackernagel 进行完善。Rees 和 Wackernagel 在 1996 年将生态足迹定义为一个国家范围内给定的人口消费负荷，用生产性土地面积来衡量人类对生物圈的需求，包括资源消耗、基础设施建设和吸纳化石能源燃烧产生的二氧化碳排放所需的生物生产性土地面积。其主要内容是将现有的生态承载力与维持人类所需的土地资源相比较，来衡量某区域的可持续发展状况。

生态足迹理论提供了关于自然资本的过度消费以及一个国家和地区的承载力的相应压力的概念（严耕，林震；2010）。事实上对于经济发达的地区，生态文明建设所需要解决的主要矛盾也在于此。而对于经济不发达的地区则困难更多，需要同时面对经济落后、自然资本过度消费以及承载力下降三者之间的矛盾。生态足迹理论虽构筑了一个描述矛盾的清晰框架，但是生态足迹计算的复杂性以及过多假设限制了其推广：如假设人们有可能计算人类活动所消耗的资源及所排放的废物数量，这些资源和废物量可以转化为生产或容纳它们的生态生产性土地面积以及六类具有生产物质能力的土地面积（可耕地、牧草地、森林、建筑用地、水域和化石能源用地），可以换算成统一标准，全球性公顷等假设。

五、生态经济学理论

1. 生态经济学内涵

生态文明理论在我国实践较早的领域是生态农业领域。与“生态文明”被提出的契机一样，生态经济学是伴随人类面临的环境和可持续发展问题日益突出，人类解决环境与可持续发展问题的迫切需要而发展起来的。Michael Common 和 Sigrid Stagl（2005）在 Ecological Economics：an introduction 中将生态经济学定义为生态学+经济学，他们认为生态学是研究自然管理，而经济学研究的是人类社会的管理。因此，生态经济学则是研究自然界管理和人类社会管理之间关系的一门科学，或者说是研究生态系统和经济系统之间的相互作用。然而，生态文明既包含了生态系统，也包含了经济系统。因此，生态经济学也是生态文明下的某一部分。资源，尤其是能源的利用，既涉及经济，也涉及生态。因此，资源的利用及其影响，也可以说是生态经济学的主要部分。

李周主编的《生态经济学》（2015）认为，生态经济学是将经济理性与生态理性相统一，这种统一倡导的是将企业最优解与社会最优解相结合，将个人理性与集体理性相结合，旨在追求人与自然的和谐。但是国内与国外的背景却存在一定的差异。国外生态经济学的提出，针对的是相对剩余状态（或过度消费）下的生态恶化，即有限的生态承载力满足不了无限的经济增长需求。20 世纪 80 年代初我国学者提出生态经济学，针对的是基于绝对短缺状态下的生态恶化，不仅同时面临在有限的生态承载力下满足不了现有的经济增长需求，而且经济增长满足不了人们生存的需要。

2. 将生态经济学研究的理论成果应用于生态文明建设

生态经济学研究中的主要理论成果有产业结构理论、产权理论以及外部性理论等。产业结构理论：高收入国家以第三次产业和高新技术产业为主，对环境施加的影响或者负面影响较小；而低收入国家或者中等收入国家以第一次产业和第二次产业为主，对生态环境施加的负面影响较大。随着产业的升级，经济增长对环境系统的依赖也将会下降。

产权理论：经济学家认为产权界定不清，资源必定会遭到过度利用。同时，现实也表明产权界定清楚的资源通常利用和保护的要好一些。

外部性理论：负外部性对正外部性进行补偿，这样才能弥补负外部性产生的危害。

这些理论尤其是科斯（1910—2013）的产权理论，如排污交易权在中国解决环境问题的过程中得到了广泛的应用，而且还取得了较好的效果。对于我国来说，在生态文明建设过程中，生态经济学理论已有的成果或许可以成为在生态文明建设过程中解决环境问题的有力工具。

第二节　江西省生态文明评价的模型

一、熵值法赋权的基本原理

熵（Entropy）最初是热力学中的一个概念。1948 年，美国数学家香农（Shannon）将熵的概念引入信息论中。据香农的定义，假设一个随机试验有

A1，A2，A3，…，Am个结果，结果的个数为有限个且不相容，这些结果出现的频率为 y_1，y_2，y_3，…，y_m。那么这 m 个结果的信息熵值为E：

$$E = \left(\frac{1}{Inm}\right) \sum_{i=1}^{m} Iny_i \tag{2-1}$$

其中，y_i 为某个指标下的某个数据占该指标下所有数据中的比值：

$$y_{ij} = \frac{x_{ij}}{\sum_{i=1}^{m} x_{ij}} \tag{2-2}$$

信息的效用价值 D：

$$D = 1 - E \tag{2-3}$$

最后计算各指标的权重：

$$W_j = \frac{D_j}{\sum D_j} \tag{2-4}$$

熵值法的优势是能够从现有的数据中挖掘信息量，从而不受人为主观因素的影响，客观确定指标的权重。为了使结果客观科学，先将普通方法标准化，即用数据占总数据的比重进行标准化。待求得权重后，再用极差法将原始数据标准化一次，以区分不同指标的正逆性质。最后用极差法将标准化后的数据与前面所求的权重加权求和，而得到生态文明指数。在生态文明指数计算过程中类似这样对熵值法计算过程的变动，被有的学者认为计算的是生态文明建设过程中的“协调度”，但事实上这应该是用熵权法计算生态文明指数的一种比较准确的方式。改进的熵权法计算过程步骤如下：

步骤一：使用普通标准化方式将数据标准化，不改变数据内在的差异。

本书采用了17年的数据、11个评价市区，则第 j 个评价指标标准化方式为：

$$y_{ij} = \frac{x_{ij}}{\sum_{i=1}^{m} x_{ij}} \tag{2-5}$$

其中，$m=187$，表示第 j 个指标下17年、11个评价市区的样本数据。

步骤二：计算第 j 个指标下熵值 E_j：

$$E_j = \left(\frac{1}{In187}\right)\sum_{i=1}^{m} y_{ij} In y_{ij} \qquad (2-6)$$

步骤三：计算第 j 个指标信息的效用价值 D_j：

$$D_j = 1 - E_j \qquad (2-7)$$

步骤四：计算第 j 个指标的权重 W_j：

$$W_j = \frac{D_j}{\sum_{j=1}^{16} D_j} \qquad (2-8)$$

步骤五：采用极差法标准化后的值与指标权重加权求和计算生态文明指数 Z，这样就考虑了指标之间的正逆异质性，而且无需对原有指标进行正向平移。

$$Z = \sum W * Y \qquad (2-9)$$

其中，W 表示该指标的权重，Y 表示使用极差法标准化后的标准值。

二、生态文明评价指标权重计算结果

为了对比区分熵值法改进前与改进后所求得的指标权重值，现将两种方法计算的权重结果对比，如表 2-1 所示。

表 2-1　熵值法改进前后指标权重的变化

熵值法改进前	熵值法改进后	指标代号	指标名称
3.14%	0.27%	A1	第三产业比重（%）
1.25%	14.90%	A2	每万元 GDP 能耗（吨/万元）
0.76%	15.12%	A3	每万元 GDP 废水排放量（吨/万元）
2.01%	8.57%	A4	每万元 GDP 工业废气排放量（标立方米/万元）
4.64%	4.94%	A5	工业固体废物综合利用率（百分比）
2.79%	2.58%	A6	每公顷农作物播种面积农药使用量（千克/公顷）
15.18%	8.43%	A7	每公顷农作物播种面积化肥施用量（千克/公顷）
16.08%	16.61%	A8	城市公共交通客运总量与年均总人口之比（百分比）
5.68%	3.13%	A9	建成区绿化覆盖率（百分比）

续表

熵值法改进前	熵值法改进后	指标代号	指标名称
5.23%	4.15%	A10	人均公共绿地面积
7.08%	3.49%	A11	人均道路面积
16.50%	12.86%	A12	人均生产总值（元）
1.70%	1.44%	A13	人均年消费水平（元）
6.69%	1.89%	A14	每万人拥有卫生事业床位数（张/万人）
3.23%	0.75%	A15	人均水资源量（立方米）
8.03%	0.88%	A16	每百万人拥有文化事业单位数（个）

由表2-1可以看出，如果不对熵值法进行改进，那么部分指标如“每万元GDP废水排放量”的权重将会产生很大的差异，两者相差近15%。为什么两者会相差这么大呢？熵值法思想的内涵在于它能够衡量数据内在的差异程度，依据这种差异度而算出权重。那么使用极差法标准化后的数据的内在差异变化了多少呢？下面将两者的差异系数CV进行对比说明：数据仍然采用16个指标的数据。衡量指标数据之间的内在差异使用变异系数CV来衡量。从表2-2可以看出，极差法变换后部分指标的变异系数发生了较大改变，有的增加了，有的减少了。然而，如前文所述，熵值法的本质是根据原始数据间的变异系数值来计算权重，如果原始指标的变异系数发生了改变，那么熵值法计算出来的值将会和原有指标本身所应该具备的熵值产生很大的偏差。因此，本书的权重取自改进熵值法计算后的权重值。

表2-2　原始数据被不同标准化方法标准化后变异系数的变动

指标代号	原始值变异系数	普通标准化后变异系数	极差法变换后变异系数
A1	0.12	0.12	0.42
A2	0.96	0.96	0.25
A3	1.10	1.10	0.19
A4	0.73	0.73	0.31
A5	0.47	0.47	0.47

续表

指标代号	原始值变异系数	普通标准化后变异系数	极差法变换后变异系数
A6	0.38	0.38	0.38
A7	0.78	0.78	1.09
A8	1.07	1.07	1.10
A9	0.42	0.42	0.58
A10	0.47	0.47	0.54
A11	0.45	0.45	0.66
A12	0.94	0.94	1.10
A13	0.27	0.27	0.30
A14	0.33	0.33	0.64
A15	0.21	0.21	0.42
A16	0.23	0.23	0.75

第三节　江西省各区域生态文明水平

一、生态文明评价指标的选取

1. 评价指标选取的原则

江西省内11个市区的生态文明评价与像ECCI这样的生态文明评价有一定的区别，江西省有自身的历史发展轨迹和特点，并不能够照搬进行计算。为此，在使用现有资料进行生态文明评价时，必须同时需要参考江西省的能源利用、经济发展、环境质量等情况。具体来说将按照以下原则进行生态文明评价指标的选取：

（1）系统性原则。首先，所选的指标应考虑到能够反映生态文明的各个层面的影响因素，而且所选的因素应能对生态文明产生影响；同时，这些影响对生态文明建设来说是重大的。

（2）代表性原则。所选取的指标应该能够代表生态文明的内涵及意义。但是并非把所有有关生态文明的指标都选取进来，而是尽量使选取的指标具有代表性，减少指标的计算时间。

（3）科学性与实用性相结合的原则。指标的选择不仅需要以相关科学为基础，同时需要考虑指标的实用性，即指标的可得性与可操作性。比如：城市环境空气质量综合指数可以代表城市的综合环境质量，但是这项数据从2013年才开始发布，以往年度数据均不可得。因此，需要寻求其他替代指标进行代替，比如："工业三废"的排放等指标。

（4）针对性原则。江西省不同于其他省份，江西省在中部六省当中属于较落后的省份，其经济发展状况与其他省份并不一样。选择的指标要既能提现生态文明的内涵，同时又能反映江西省自身的特色。比如：江西省的森林覆盖率已经达到63%，因此，无须继续强调森林覆盖率对生态环境的重要性。但是需要注意的是不强调并不代表可以忽视，而是认为在江西省各个市的森林覆盖率都相对较高的情况下，继续强调森林覆盖率的提高作用已经没有太大意义。

（5）时代性原则。随着社会的发展、历史的变迁，以往对我们很重要的事物或许现今变得不那么重要，以往被我们忽视的事物或许现今变得十分重要。比如：我们所生存的环境，在我们的生活中变得越来越重要了。因此，指标的选取要符合江西省发展的历史规律。

（6）可比性原则。纵向来说，17年的时间，江西省已经发生了很大的变化。有些指标前后的统计口径已经发生了改变，如果不加筛选直接使用，可能会产生误导性的结果。横向来说，在江西省11个市区之间需要尽量保证指标的选取对于每一个市能够公平和可比。

（7）异质性原则。所选取的指标尽量有独自的含义，而尽可能地不要重复。比如：如果选取了人均生产总值这一指标，就没必要继续选取年生产总值来表示生态经济。因为人均生产总值已经表示经济发展的状态，而且更加的科学和公平。

表 2–3 江西省生态文明评价指标体系

目标层	准则层	三级评价指标层	指标符号	数据来源	指标性质
江西省生态文明评价指标体系	生态经济	第三产业比重(%)	A1	统计指标	正指标
		每万元 GDP 能耗(吨/万元)	A2	能耗总量/GDP	逆指标
		每万元 GDP 废水排放量(吨/万元)	A3	废水排放总量/GDP	逆指标
		每万元 GDP 工业废气排放量(标立方米/万元)	A4	工业废气排放量/GDP	逆指标
		工业固体废物综合利用率(百分比)	A5	统计指标	正指标
		每公顷农作物播种面积农药使用量(千克/公顷)	A6	农药使用量/农作物播种面积	逆指标
		每公顷农作物播种面积化肥施用量(千克/公顷)	A7	化肥施用量(折纯量)/农作物播种面积	逆指标
	生态意识(生态意识体现为生态行为)	城市公共交通客运总量与年均总人口之比(百分比)	A8	城市公共交通客运总量/年均总人口①	正指标
		建成区绿化覆盖率(百分比)	A9	统计指标	正指标
		人均公共绿地面积	A10	统计指标	正指标
		人均道路面积	A11	统计指标	正指标
	生态人居	人均生产总值(元)	A12	统计指标	正指标
		人均年消费水平(元)	A13	统计指标	正指标
		每万人拥有卫生事业床位数(张/万人)	A14	10000 * 卫生事业床位数/年均总人口	正指标
		人均水资源量(立方米)	A15	水资源总量/年均总人口	正指标
		每百万人拥有文化事业单位数(个)	A16	文化事业单位总数 * 1000000/年均总人口	正指标

① 年均总人口 =(上年年末人口+本年年末人口)/2,数据来自江西省各年统计年鉴。

2. 时间跨度对指标选取的影响

不得不提的是受时间跨度的影响，本书选取了1998—2014年共17年的指标数据进行生态文明评价的计算。在这17年间，有的指标具有较强的代表性。但是因为时间跨度过大，统计口径发生了很大的改变而不得不舍弃，比如：能够反映社会进步的贫穷人口占总人口的比例，自2008年开始江西省统计年鉴上的统计口径发生了很大的改变，贫困标准得到了大幅度的提高，前后数据相差相当大。同样由于时间跨度的原因，有些指标近几年能够找到数据，可是以前的年度并没有统计，比如人均耕地面积、二氧化硫排放等数据。当数据无法取得时，将采用近似的替代指标予以代替，比如污染物的排放选取了废水、废气以及固体废物综合利用率等指标予以表示，而无法替代的指标只好舍弃。

基于以上原则，本书从生态经济、生态意识和生态人居三个方面构建了江西省生态文明评价体系，其中生态意识具体表现为一定的生态行为。综合已有的研究可以看出表2-3中16个指标包括了生态文明的主要内容。

二、生态文明评价指标数据的解释及修正

在收集数据的过程中发现，受现有条件的限制，需要对部分指标的数据进行一些修正，修正的基本方法是取近两年的平均数补齐。现将无法直接取得的指标数据所采取的修正一一说明如下，除此之外的其他指标数据均能够从《江西省统计年鉴》《中国城市统计年鉴》和《江西省环境公报》中获得。样本总数据为2992个（11个市区×17年×16个指标=2992个），所有经过修正的数据为177个，占原始数据的比例为5.92%，无须修正的数据占样本总数据的比例为94.08%，可以确保数据较强的完整性。为给相关学者在研究时提供对比，现将修正后的主要数据及所依据的最近2年的数据置于附录A中。其他数据因均可获得，限于篇幅就不放到本书中了。

人均生产总值：人均生产总值代表了当地经济发展情况，该指标在《江西省统计年鉴》中缺乏1999年的数据，其他年份的数据均能够从1998—2015

年《江西省统计年鉴》中取得。对于1999年数据采用前后两年的平均数补齐。

每万元GDP能耗：这是一个代表生态经济的重要指标，但是在历年的统计数据中前后的口径发生了一些改变，比如：1999年统计年鉴中统计的是“各地区主要能源消耗量”，但是到2008年的统计年鉴中统计口径改为了“各地区规模以上工业主要能源消费量”，统计口径更改后数据的变动十分小。因此，为保证数据的前后一致性，从2008年开始一致采用“各地区规模以上工业主要能源消费量”进行折算，而不使用统计年鉴中“能源消费总量”的数值。

每公顷农作物播种面积农药使用量和每公顷农作物播种面积化肥施用量（折纯量）：统计年鉴上2010—2014年并没有统计农作物播种面积，因此无法取得统计数据。江西省统计局官方网站所公布的2011年江西省统计年鉴（2010年数值）中化肥施用量、农药使用量与2010年统计年鉴上的数值完全一致，这与现实情况不符。因此，对于2010年的数值所采用的办法仍然是取前后两年的平均数。2012—2014年取自近两年的平均数值。另外，化肥施用量采用折纯量的数据而不采用实物量的数据，是因为各地施用化肥纯度不一致，同样的实物量可能会有不同的折纯量，采用折纯量相对准确，其数据直接取自统计年鉴。

人均年消费水平、城市公共交通客运总量与年均总人口之比（百分比）、水资源量总量（亿立方米）、建成区绿化覆盖率（百分比）、人均公共绿地面积和人均道路面积：人均年消费水平代表了人们物质文化生活水平，因为2013年和2014年的统计年鉴上并没有统计人均年消费水平，所以这两年的数据采用与以上一致的办法取近两年的平均数。城市公共交通客运总量与年均总人口之比（百分比）缺乏2002年的数据，数据采用前后两年的平均数确定。另外，抚州市2007年的数值并未统计，也采用前后两年的平均数确定。水资源总量缺1998年和2009年的数据，建成区绿化覆盖率（百分比）、人均公共绿地面积和人均道路面积2002年的数据也缺失。采取同样的做法，即取前后两年平均数补齐。

依据前文所选择的方式，计算出历年江西省各个市区生态文明评价综合指数，如表2-4所示，计算的结果为0~1。如果计算结果为0，那么表示在所有的样本中总体表现最差，即正向指标值是最低，逆向指标值是最高。相反，如果计算结果为1，则表示在所有的样本中总体表现最好，即正向指标值最高，逆向指标值最低。总体上看，各个市区的生态文明指数从1998年以来呈波动上升的趋势，这是符合现实情况的。1998年以来，我国经济水平得到了飞速发展，在这个过程中虽然环境受到了一定程度上的破坏，但是人们的生存条件相比过去也有了很大的提高。

表2-4　1998—2014年江西省各市生态文明指数

时间	南昌市	景德镇市	萍乡市	九江市	新余市	鹰潭市	赣州市	吉安市	宜春市	抚州市	上饶市	平均值
1998	0.5351	0.3724	0.2909	0.3696	0.1210	0.2351	0.4467	0.4125	0.4230	0.4459	0.4168	0.3699
1999	0.5240	0.3892	0.3190	0.3864	0.1768	0.2350	0.4518	0.4390	0.4046	0.4403	0.4360	0.3820
2000	0.5502	0.4013	0.3565	0.3949	0.2730	0.2772	0.4572	0.4377	0.3963	0.4393	0.4058	0.3990
2001	0.5620	0.4125	0.3793	0.3966	0.2572	0.2575	0.4465	0.4281	0.4127	0.4565	0.4030	0.4011
2002	0.5772	0.4280	0.4036	0.3979	0.3126	0.2755	0.4603	0.4089	0.4227	0.4608	0.4239	0.4156
2003	0.5877	0.4583	0.4638	0.3934	0.3567	0.2923	0.4654	0.3945	0.4181	0.4476	0.4369	0.4286
2004	0.6057	0.4623	0.4530	0.3813	0.3298	0.3114	0.4789	0.3952	0.4080	0.4646	0.4341	0.4295
2005	0.6415	0.5196	0.4677	0.4190	0.3868	0.3463	0.4915	0.4350	0.4515	0.4883	0.4420	0.4627
2006	0.6859	0.5369	0.4769	0.4368	0.4469	0.3629	0.4948	0.4652	0.4867	0.4727	0.4603	0.4842
2007	0.7084	0.5567	0.4622	0.4589	0.4921	0.4685	0.4998	0.4721	0.4900	0.4872	0.4361	0.5029
2008	0.7497	0.6015	0.4992	0.4814	0.5556	0.5172	0.4988	0.5078	0.4823	0.5076	0.4554	0.5324
2009	0.7681	0.6312	0.5131	0.5013	0.5947	0.5574	0.5129	0.5239	0.5045	0.5446	0.4766	0.5571
2010	0.7777	0.6662	0.5491	0.5491	0.6512	0.6174	0.5329	0.5678	0.5271	0.5799	0.5077	0.5933
2011	0.8170	0.6756	0.5448	0.5548	0.6919	0.6225	0.5192	0.5617	0.5118	0.5617	0.5149	0.5978
2012	0.8553	0.6973	0.5996	0.5712	0.7291	0.6557	0.5395	0.5945	0.5683	0.5849	0.5305	0.6296
2013	0.8641	0.7028	0.6062	0.5769	0.7215	0.6580	0.5402	0.5969	0.5731	0.5975	0.5443	0.6347
2014	0.8929	0.6925	0.6232	0.6008	0.7274	0.6646	0.5492	0.6216	0.5939	0.6230	0.5638	0.6503
平均值	0.6884	0.5414	0.4711	0.4630	0.4603	0.4326	0.4933	0.4860	0.4750	0.5060	0.4640	
排名	1	2	7	9	10	11	4	5	6	3	8	

（一）江西各地市生态文明程度的比较

从平均值来看（图 2-1），生态文明平均值最高的是南昌市。这一点在占少贵等（2014）、李争等（2014）的研究中也有类似的结果。南昌市一直稳占鳌头，得益于南昌市较高的人均生产总值、物质基础雄厚以及完善的公共基础建设。生态文明平均值排第 2 位和第 3 位的分别是景德镇市和抚州市。该研究结果与以上三位学者研究结果并不一致，可能与不同的研究方法产生的计算差异有关。景德镇市之所以生态文明平均值排第 2 位，得益于其较低的农药和化肥施用量，其中，每公顷农作物播种面积农药量 17 年的平均值在 11 个市区中最低，仅为 9. 28 千克每公顷。而最高的是抚州市，达到了 17. 17 千克每公顷。景德镇市还有个特点可能不为人知，景德镇市公共交通出行比例比较高，17 年平均城市公共交通客运总量与年均总人口之比仅次于南昌市。抚州市虽然农药使用量高，生态农业亟待发展，但是其在单位面积能耗方面有强大的优势，而且一直为全省最低值。其单位面积能耗 17 年的平均值为 14. 58 吨每平方公里，而南昌市为 537 吨每平方公里，南昌市是抚州市的 36. 83 倍。同时，抚州市自然条件也十分优越，人均水资源量 17 年的平均值位于全省第一位。

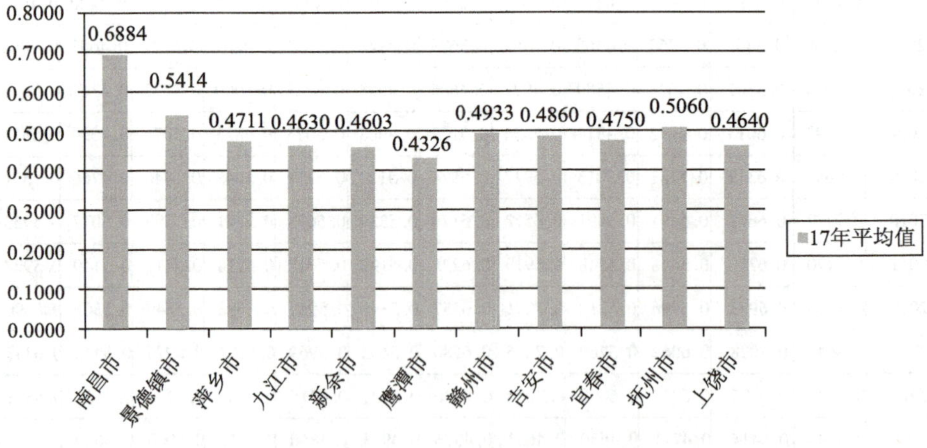

图 2-1 江西省各个市区 17 年生态文明指数平均值图

（二）江西省各市生态文明指数的差异

1. 起点不一致

如果以1998年为起点，江西省各个市区的生态文明指数起点并不一致，如表2-4所示。萍乡市、鹰潭市和新余市生态文明指数均未超过0.3，然而其他市的生态文明指数均在0.4以上，尤其是南昌市，1998年的生态文明指数就远远高于其他各个市区。从各个市区的生态文明发展过程中来说，新余市在1998年是所有市区当中最为薄弱的一个市区，然而，在2014年，新余市由原先的倒数第一位，一举跃为第二名，仅次于南昌市。赣州市、吉安市、抚州市和上饶市在1998年生态文明指数较为接近，但是到2014年已经出现了明显的差距。这四个市中鹰潭市和抚州市从2008年开始便领先于吉安市和上饶市。

2. 各市区的总体差距在逐渐缩小，存在一定程度的追赶效应

如图2-2所示，江西省各个市历年的生态文明指数变异系数在逐步下降，从整体上来看，江西省各个市区生态文明的发展具有追赶效应，各个市区的差距在逐步减少，逐渐稳定于15%附近。

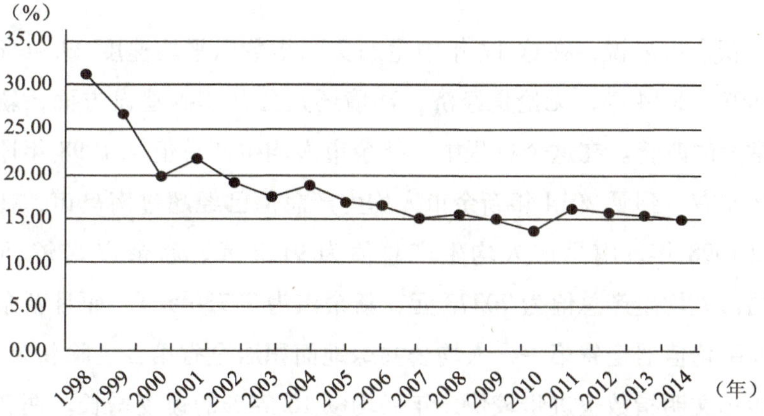

图2-2 1998—2014年江西省生态文明指数变异系数变动图

3. 生态文明平均增长速度各不一致

如表2-5所示，平均增速最快的是新余市，平均增速高达29.46%。平均

年增长速度较慢的是赣州市，平均增速仅 1.35%。为何有的市区生态文明指数增长十分迅速，有的增长却十分缓慢呢?

表 2-5　1998—2014 年江西省各市生态文明指数平均增速

地　区	平均增速（%）
南昌市	3.93
景德镇市	5.06
萍乡市	6.72
九江市	3.68
新余市	29.46
鹰潭市	10.74
赣州市	1.35
吉安市	2.98
宜春市	2.38
抚州市	2.34
上饶市	2.07

对于新余市来说，在这 17 年中生态文明指数以平均速度 29.46%的速度增长。1998—2014 年，无论是经济、环境还是公共基础建设方面，新余市都有了非常大的改善。在这个过程中，新余市人均生产总值从 1998 年还只有南昌市 1/2 左右，到了 2014 年新余市人均生产总值已经超过南昌市，在全省居第一位（1998 年，南昌市人均生产总值为 9122 元，新余市 5297 元；2014 年，南昌市人均生产总值为 70373 元，新余市为 77730 元）。而且新余市人均道路面积平均值居全省第一，人均公共绿地面积居全省第二。除新余市之外，鹰潭市生态文明指数也进步较快，年平均以 10.74%的速度增长。两者相类似的是在经济和环境方面取得了巨大的成功。因此，部分市区通过自身不断的努力，正在逐渐改变自身的面貌。

与此相反的是赣州市、抚州市和上饶市生态文明指数则增长十分缓慢。从工业上看，赣州市和抚州市生态工业并没有出问题，单位 GDP 能耗都比较低，但是问题出在了生态农业上。除了宜春市和吉安市，赣州市、抚州市和上饶市农作物播种面积 17 年均值居全省第三位和第四位，但是赣州市、抚州市和上饶市的农药以及化肥的施用量相当大。2014 年，平均每公顷农作物播种面积赣州的农药使用量为 19. 93 千克，抚州市为 24. 23 千克，上饶市为 21. 54 千克；而与此同时，新余市只有 13. 12 千克，鹰潭市只有 10. 08 千克。2008 年，新余市每公顷农作物播种面积农药使用量也达到了 24. 47 千克，鹰潭市为 20. 87 千克，但是之后的几年至现在逐渐下降，而赣州市、抚州市、上饶市丝毫没有下降的迹象。上饶市最头疼的问题可能还不是生态农业，而是生态工业指标下所排放的巨大的工业固体废物。1998—2014 年，上饶市平均每年生产工业固体废物 4015. 01 万吨，居全省之首。该值是南昌市的 25 倍，是抚州市的 73 倍。每年有巨大的固体废物排放，但是其固体废物综合利用率却又十分低下，17 年固体废物综合利用率平均值才 6%，全省最低，而南昌市为 89%，抚州市为 61%。

第三章　能源消耗对生态文明的影响研究

第一节　生态文明与能源利用的关系

工业革命的到来，带来了灿烂的物质文明，但其背后也存在着生态环境破坏、生态系统不平衡等负面影响，这就要求实现从工业文明向生态文明的转型，避免生态危机的出现。社会主义经济建设需要与生态文明建设相协调，中国在共享工业革命果实的同时，也对现如今的社会主义经济发展提出了更高层次的要求，经济发展、生态文明是如今的发展趋势，二者的统一是必然要求。

国际上，20 世纪 90 年代企业生态研究成为热潮，其中保罗·霍肯从生态的视角指出，资源消耗是经济发展的基础，并且指出资源消耗和生态文明之间密切相关，未来经济发展的目标就是实现经济发展的同时还要搞好生态文明建设。同时，詹姆斯·弗·穆尔提出企业竞争包含生态元素，企业对于生态文明的影响也被纳入考核机制，在发展经济的同时注重生态文明的建设，从而实现和谐统一。进入 20 世纪 90 年代后期，约瑟夫·M ·安倍（Joseph-M-Abe）（1998 年）指出企业仅仅是大自然的一种存在形式，企业发展依托于自然环境的资源给予，企业的发展要遵循自然发展规律。

在我国，党和政府重视经济发展的同时，高度注重经济发展与生态文明相匹配，做到在能源消耗下的经济发展同生态文明相协调。政府对资源的消耗与生态文明的建设提出更高层次的要求。

自党的十七大提出生态文明建设后，我国企业面临转型的新时期，国内学者更加注重资源消耗对生态文明的影响。其中钟宏武、许英杰（2012 年）指出企业生态文明建设是企业实现生态产业化和产业生态化，实现能源消耗下的经济发展与生态文明协调发展。赵杰红、周暗、刘家欣（2012 年）指出企业既是破坏环境的源头，又是实现生态文明建设不可或缺的主体，企业应正视资源消耗带给生态文明的消极影响。

任哲、周波（2013 年）提出建设煤炭企业生态文明建设需实现“三个转变”，其中三个转变中最高层次的要求就是变原来单纯的向自然界索取为全面发展，实现从传统经济消耗到绿色经济的转变。

无论是国内还是国外的相关文献都能够深刻地反映出能源资源消耗与生态文明息息相关，能源消耗量直接影响着生态环境的好与坏。

人类的生存和发展离不开对能源资源的利用，能源资源的利用既给我们带来便利的同时，也给我们带来了生态破坏的困扰。早期的能源资源利用、技术处在不成熟阶段，对于能源资源的消耗也比较少。但随着社会生产力的发展，经济水平的提高，原有资源消耗量已经不能满足其发展需求，随后对能源资源的消耗量逐渐加大，但是在加大资源消耗量的同时，也随之产生了更大污染，破坏了生态平衡。

第二节 能源消耗对生态环境影响的范围与程度

一、不同能源种类对生态文明影响的差异化

开采煤炭、石油、天然气、核燃料等资源，建设水力、火力、原子能发电站以及探索和利用新能源如水能、风能这一系列的经济活动都会对生态环境产生重要的影响。

（一）能源资源在开发期对生态文明的影响

1. 煤炭在开发期对生态文明的影响

王芳（2015 年）以及朱超（2016 年）提出煤炭开采过程中产生的煤矸石和煤粉短期内无法被地表消化，地表植被、土壤肥力都受到了较大的侵蚀，其地表植被也容易遭到破坏，容易造成水土流失，生态系统遭到严重破坏。

水资源又受煤矿区的采煤活动影响，采煤过程中所产生的污水会造成河流水污染，影响水域生态平衡。随着水域污染范围和污染程度的加大，地下水资源也受到影响，河流水域和地下水的污染不仅仅影响动植物的生存，同时对人类的健康也造成消极影响。张倩（2009 年）指出，煤炭资源在利用过程中会随着燃烧煤炭产生大量的二氧化碳、二氧化硫等，这些有害气体排放到大气中造成环境污染。

2. 石油在开发期对生态文明的影响

崔磊（2006 年）阐述了地下水位的下降，地下漏斗面积增大、水资源极度匮乏是石油开采过程中出现的问题，这一问题影响生态建设。宫燕、刘慧清（2005 年）认为石油开采过程中会对环境造成负面影响，导致草原面积锐减、草场退化、植被覆盖率降低、沙化面积加剧；同时，指出居民的健康状况与石油开采有着很大的关联，石油开采影响着当地居民的健康状况。在开采海洋石油资源过程中难免会遇到海洋石油泄漏事件，不仅污染了水质，还使得大量的石油漂浮在海水表面，使得海洋生物与外界空气阻隔。石油泄漏若是超过了海洋生态系统的自我调节能力，会使得石油附着在海水表面随海水流动，扩大污染范围。

表 3–1　煤炭开发对生态文明的影响

类　别	主要来源
占用土地	井工开采排放的煤矸石，露天采矿的排土弃渣等占用土地
地面塌陷	地下采矿与回采，使煤层原始平衡遭到破坏，导致低地面沉陷
水土流失	土建施工、植被破坏和外排土场等
地下水破坏	煤矿井工开采中，疏干矿坑排水造成区域地下水位下降、水资源损失和水均衡破坏
生态系统破坏	煤矿开采，铲除地表原有的植被，使土地、水源、植被及自然景观等生态系统发生巨大变化

无论是石油管道的永久性占地，还是石油管道的临时性占地，石油管道在建设期扰乱和破坏了土壤的土体构型，降低了土壤的通气性和透水性，使土壤丧失原有的土壤肥力，加速了土壤的侵蚀的速度。

3. 天然气在开发期对生态文明的影响

（1）天然气在开发期对土壤的影响。土壤结构、土壤养分、土壤紧实程度等的改变与天然气长输管道施工密切相关。另外，建筑垃圾会影响土壤的理化性质。在开挖管沟时，破坏了土壤团粒结构和部分土壤的耕层，并且耕作土的土壤结构会随着土壤的挖掘、放置和混合而发生改变，一旦发生改变，耕作土很难恢复原来的结构，使得原有的土质结构层次遭到破坏。天然气管道在运输、安装过程中机器作业会加剧土壤的紧实程度，使植被根部呼吸困难，不利于农作物和植被的生长，农业生态系统将受到一定程度的影响。同时，在施工过程中避免不了土层开挖，然而在土壤回填的过程中土壤的养分会受到破坏，使得原来的土壤的层次和质地发生了变化。土壤结构被破坏，土壤中物质和能量的变化规律就会相应改变。表层土壤的渗透性将会减弱，地表土壤的水分和肥力也会随之下降，降低农作物的产量。

（2）天然气在开发期对林业生态的影响。天然气长输管道造成林地面积的减少，破坏林业生态系统。在建设天然气长输管道的过程中，林地将受到天然气长输管线的开挖渠道和施工修复沟渠等活动的影响。在完工后，管道经过的林地即使能恢复，但也不是全部意义的恢复原状，而是恢复的和之前近似组成的物种多样性的程度，相比之前略有降低。那些可以恢复林地的也需要经过一段时间才能得以恢复到以前的林木量和生长态势，这段恢复期就会降低生物量。如果林地无法恢复，那么目前土地利用的类型、性质以及功能将会随之发生变化，将向荒草地或农业用地等进行转化。在天然气长输管道建设的施工过程中，无法恢复的林地一般是分散、局部分布的，只会对局部的土地利用方式造成影响。

（3）天然气在开发期对农业生态系统的影响。在天然气长输管道的工程建设过程中，农业生态系统将在一定程度上受到影响，主要是在施工期临时占用耕地以及加工站、阀室等永久占用耕地的建设。管线施工通常采用分期招标的方式进行，每个招标期的施工期相对较短，一般在 1 个月以内，施工工程临时用地和施工便道仅影响一季生产活动中的耕地。修建站场、阀室等属于永久性的占用耕地，这种占地会造成土地利用方式的永久改变，造成原有耕地等转变为建设用地。如果在耕作期间进行施工，将不可避免地对作物造成损害，直接影响作物产量。一般来说，临时占用耕地只影响某个季度的耕作物，这方面的损失只是暂时的，不会持续，并且在完工后，临时性占地也能很快恢复以前的功能，但是永久性占用耕地则会造成农业的永久性损失。

（4）天然气在开发期对野生植物的影响。在铺设天然气管道过程中，机器作业、车辆运输以及施工铺设管道都会不同程度地破坏、碾压周围植被。同时，还会占用土地，破坏地表植被，使得原有的生态遭到破坏，并且管道铺设过程中左右 5 米范围内的植被都会被清除或者遭到破坏。

（5）天然气在开发期对野生动物的影响。天然气在开发前对野生动物的影响主要集中体现在天然气管道铺设过程中。天然气管道的铺设阻断了动物活动的路线，影响了动物的活动范围。天然气的管道铺设常常会穿越河流，这就造成了对水生生物的影响，天然气管道在穿越河流的时候会开挖河流，产生大量的泥沙，这些泥沙使得河流水域变浑浊，同时泥沙沉淀以后会掩埋水生生物的栖息地，同时也掩盖了水生生物的部分食物来源。

（6）天然气在开发期对地质的影响。在管沟开挖过程中，削坡、挖方、填方、弃土弃渣堆放等会造成土壤板结、土壤贫瘠化等土壤退化现象，会增加水土流失、滑坡、泥石流等地质灾害的发生频率。

4. 水能在开发期对生态文明的影响

水能是一种新型的清洁能源，对资源的使用过程起到了一定作用，但是水能在资源的开发过程中依然也会对生态环境造成影响。钟章成（1999 年）指出，三峡水电站对周围的生态环境有重要的影响，它使得周围县区夏天持续炎热，加剧了重庆的高温天气。在农业方面，大面积的肥沃农田将被淹没，土地资源稀缺。水库的水流控制将使地下含水层更容易被破坏，而且还会涉及上海的供水问题。在渔业方面，长江鱼类资源丰富，易受损害。河流动态的变化、河水温度和化学成分的变化以及与这些鱼的生活特性相适应的自然栖息地和食物来源的变化将影响鱼的种类和数量，有些水生生物可能会因此变化不适应新的环境。特别是居住在长江中游的鱼类将受到该项目的影响，这正是中国数千种珍稀特有鱼类的主要栖息地，特别是居住在长江中下游的中华鲟和白海豚。葛洲坝的建成可能会损害中华鲟的繁殖，仅留下数百只海豚。同时，鱼类的迁徙问题还没有得到改善。虽然葛洲坝的鱼类有迁徙途径，但鱼类并不能按照既定的路线迁徙，这类鱼的繁殖受到严重的影响，对长江的生物链产生不利的影响。还有其他值得关注的野生动物物种，如濒危的西伯利亚鹤类，其越冬栖息地就在长江中下游，水坝将影响它们的栖息地和觅食环境。

（二）能源资源使用时对生态环境的影响

1. 石油在使用过程中对生态文明的影响

如我们了解的那样，能源资源的开发过程是影响生态环境的一个非常重要的因素。那么能源资源的使用和消耗过程也会影响生态环境。王腾阁（2013 年）以及张学佳（2007 年）等调查认为，石油资源主要通过两个方面对土壤产生影响：一是在开采过程中原油不可避免地落到地表土壤；二是运输过程中的漏油。除此之外，石油资源在使用过程中的泄漏事件，会使土壤中含有大量的石油，这样会影响农田植物的吸收，从而影响了农业的发展。同时，石油泄漏造成空气的污染。石油通过挥发、扩散和转移等途径影响空气质量，人如果呼吸到这些空气，将会对身体健康、生活质量以及后代发育产生严重的威胁。石油中的一些脂溶性物质能危害中枢神经系统，侵蚀肝、肾以及心脑血管等，扰乱其生理功能，严重的甚至引起癌变；太阳紫外线的照射可以使一些挥发性的分子与氧气发生作用，释放有毒气体，侵蚀呼吸系统，使人类和动物受到危害。光化学烟雾由石油组分经过一系列物理化学反应产生，这种烟雾不仅会产生致癌物质，而且还会破坏大气中的臭氧层，加剧温室效应。三是对水资源的污染。在地表径流作用下，藏在土壤中的石油污染物很容易进入地表水体，引起地表水资源的污染，还可以通过降雨淋溶、渗透等进入地下水和土壤深层水，引起地下水资源污染。石油在水面上也会形成一层油膜，于是水分子与大气之间的气体交换受到影响，不但水中绿色植物的光合作用得不到进行，而且水体很难自净，甚至使水质变质变酸，可以利用的优质水资源不断减少；油类粘附在水中鱼、虾、植物和浮游生物身上时会使其无法呼吸而死亡，水产品质量的下降也会给经济发展带来难以估量的损失。

2. 煤炭在使用过程中对生态文明的影响

煤炭燃烧后，会污染大气。杨树深、邵龙义（2005）指出，烟灰组合主要是指由高温燃烧产生的微小球体组成的珠状聚合物，被认为是由化石燃料或生物物质的不完全燃烧所产生的非纯碳元素，其含碳量超过60%，其他主要元素氢、氧、氮和硫的烟尘收集也是重要的可吸入颗粒物的研究对象，我国城市大气、煤炭和机动车尾气是烟尘集合体的两个主要来源。烟尘收集呈现出明显的分形特征，呈链状，蓬松收集，还会形成老化或水分，形成稠密的颗粒。与其他城市一样，上海尘埃颗粒可吸入颗粒占据较大比例，其地形特点也更加明显。不同的污染源排放的烟尘、集尘功能不完全一样，不溶于任何溶剂，如果粉尘和粉尘收集含硫，会有一定的吸湿性，烟尘集合体吸附其他类型的污染物后，不仅形态会发生变化，而且吸湿性变强。煤的燃烧会产生规则的矿物颗粒，大气中的矿物颗粒经过化学反应形成二次颗粒，这些规则的颗粒由Ca、S、K、Mg、Al等元素组成。这些颗粒的出现表明了在一定程度上存在硫污染，即煤炭燃烧产生的二氧化硫。粉煤灰颗粒的主要来源是煤和工业废气。

3. 天然气在使用过程中对生态文明的影响

在运营期，在正常情况下，深埋于地下的天然气长输管道不会对其周围的生态环境造成影响。如果穿越林地段的天然气管道发生事故（如断裂、破裂等），天然气泄漏可能会引发火灾，对林地生态系统造成严重影响。服务期满后管道回收会引起土壤侵蚀；若不回收管道，长期埋置会腐烂，余留的管道也会对管道沿线部分的土壤造成污染。

（三）能源废弃处置对生态文明的影响

资源消耗对生态环境的影响不仅仅体现在资源在消耗使用程中，它还体现在各个层面和时间段，在资源利用后期比如废弃物的处理、废置工厂的处理以及石油管道、天然气管道废弃的后续处理都对当地的生态环境产生重大影响。

杨慧、陈国明等（2007 年）指出海上油气田的开发一般要经过勘探、开发、工程建设、生产和废弃处置全过程，其中海上生产设施的废弃处置是最终环节。海底管道是海上油气生产的“生命线”，对海上油气田开发作业起着至关重要的作用。随着服役年限的增长，关闭停产的海上油气田逐渐增多，尤其是海上油气田开发起步较早的国家。近年来，中国海上油气设施也有部分进入老龄化阶段，海上油气设施的弃置问题逐渐凸显，弃置作业技术、操作安全、成本花费、海洋环境保护方面都面临诸多挑战。海上石油管道的废弃对于海洋生态系统也是一个较大的挑战，废弃管道的处理对于海洋水质和海洋生物都有较大的影响。

李榜江（2014 年）指出贵州山区煤矿在废弃之后严重破坏当地土壤层，造成土地资源匮乏、严重破坏土壤、地下水污染、植被破坏严重、生物多样性减少。土壤重金属污染严重，矿区重金属污染，尾矿中含有大量的重金属，高浓度的重金属对植物的生理生长有着抑制和毒害作用，而且煤矿废弃地土壤 pH 值比较极端，土壤中重金属含量过高，造成土质污染，破坏微生物环境，打破生态平衡。

二、同种能源消耗对生态文明的影响程度

20 世纪 90 年代，梁嘉瑕提出同种能源的消耗量不同，对生态文明的影响的程度也不同。21 世纪唐恩贤等提出，应引进绿色开采技术促进企业可持续发展，不同量的煤炭燃烧对环境的修复能力的影响时间长短是不同的，要想长久持续发展，必须引进绿色开采技术，从能源资源利用的源头加强生态环境保护。

胡振琪、杨秀红（2011 年）指出中国经济经过了几十年的快速发展，取得了令人瞩目的成绩，已经进入世界能源消耗大国行列。在制造业中不同程度的能源消耗对行业发展影响也不同，要降低行业单位能源消耗，不仅能促

进经济发展，还能推进生态文明建设。

陈丽贞（2016年）通过层次分析，构建相对偏差、模糊综合评价模型，指出在经济发展、社会和谐、环境友好方面，经济发展对于生态环境的文明建设体系有重要的影响，不同的能源消耗所带来的生态环境影响是不同的。

我国资源中煤炭是典型的代表，每一千克标准煤都有固定的热值。我国规定每千克标准煤的热值为7000千卡（29307.6千焦）。每种能源所含的热量是不同的，为了方便比较，折合成标准煤计算。例如：1吨秸秆的能量相当于0.5吨标准煤，1立方米沼气的能量相当于0.7公斤标准煤。折算标准煤系数=某种能源实际热值（千卡/千克）/7000（千卡/千克）。

表3-2　各类能源折算标准煤的参考系数

序号	能源名称	平均低位发热量 KJ/kg 或立方米	折标准煤系数 KJ/kg 或立方米
1	原煤	20934	0.7143
2	洗精煤	26377	0.9000
3	洗煤煤泥	8374	0.2857
4	焦炭	28470	0.9714
5	原油	41868	1.4268
6	燃料油	41868	1.4268
7	汽油	43124	1.4714
8	煤油	43124	1.4714
9	柴油	42705	1.4571
10	液化石油气	47472	1.6198
11	天然气	35588	1.2143
12	焦炉煤气	16746	0.5714
13	其他煤气	10463	0.3570

温室气体的主要组成成分是二氧化碳（CO_2），而煤炭在燃烧的过程中会产生较多的碳排放，加剧了温室效应。据统计，1吨碳在氧气中完全燃烧产生的二氧化碳约3.67吨。

在我国发电的形式有四大类：第一类是传统的火力发电，利用煤炭、石油等资源的燃烧产生热能发电；第二类是水力发电，在我国建有三峡、葛洲坝等水力发电站；第三类是核能发电；第四类是风力发电。四种发电形式中火力发电产生的污染最大，但是目前我国还是以火力发电为主。火力发电的过程会产生碳排放，国家发改委推荐值是1吨标准煤完全燃烧产生的二氧化碳的碳排放系数是0.67。据统计，我国2006年全国发电总量2.83万亿度，主要是以煤炭和石油的燃烧为主，全国煤炭的49%用于发电，使用1度电（KWh）的排放系数如表3-3所示。

表3-3 使用1度电的排放系数 （单位：kg）

折算标准煤	碳排放	CO_2 排放	SO_2 排放	No_x 排放
0.4	0.272	0.997	0.03	0.015

每使用1度电产生的二氧化碳是0.997 kg，用电量和碳排放以及污染程度是成正比的。用电量越多，产生的碳排放量就越多，煤炭燃烧也会增加，对环境所产生的污染、对生态环境的影响也会加剧。

煤炭资源不同的使用量，所产生的碳排放、二氧化碳排放量是不同的，同样，其他能源消耗和对生态文明的影响也是成正比的，消耗的能源资源越多，产生的影响就越大。

第三节 能源消耗对生态文明的影响路径

能源从勘探开始，到最终被使用，无时无刻不在影响着生态环境。美国环境学家约翰·霍德伦曾指出，能源是环境问题中最难解决的问题，而环境则是能源问题中最难解决的问题。能源的开发和利用在推动社会进步的同时，也引发了一系列环境问题。当下，石油、天然气和煤炭是主要的能源。以石油能源为例，从勘探到利用石油，大致分为勘探、基建、开采、运输、使用五个阶段，每个阶段都会对生态环境产生影响。本节将从开采、使用及基础设施建设这三个大方向探究分析能源对生态的影响，并探究对生态文明的影响机制或路径。

一、能源开采对生态文明的影响路径

全球的快速发展离不开能源资源的开发利用，与此同时会产生大量的污染物，如果对这些污染物没有加以防范和控制，或是控制不到位，将会影响生态系统。随着环境污染的不断加剧，生态破坏的形势也越来越严峻。

（一）开采石油资源对生态文明的影响路径

油气田的开发对环境影响众所周知，石油资源的特质决定了油气田开发会导致环境破坏。韩潇源（2009）提到，石油开发，在勘探和建设的过程中，影响是持续而强烈的，但污染也会在开采结束一段时间后消失，但封井的好坏也会对环境产生影响，若封井不得当，残余的油污仍旧会外溢，外溢的污染物一旦进入地下，将产生不良影响，造成污染。石油开发会产生较多的污染物，污染物通过不同的路径进入不同环境圈，从而对生态产生影响。

苑丹丹（2011）提到，含油污水、钻井废弃泥浆、石油污染土壤和烃类污染是石油工业的四大污染问题，文章提到污染物进入 3 种不同环境圈的路径：①进入水环境。主要是石油生产过程中含油污废水及在降雨径流条件下在油污土壤表面产生的含油污水，既可挥发进入大气，也可直接渗透进地下。②进入大气环境。烃类污染物是主要污染源，在开采运输过程中会有部分烃类气体逸散到空气中。③进入土壤环境。土壤中石油类污染物通过温度变化而气化进入空气，风化作用从表层土壤进入下层土壤，随地表或地下径流冲走，被植物吸收等，污染物进入土壤环境后，不利于其流动，油污会和土质等颗粒物混合在一起。

石油的污染物影响土壤的机制：污染源产生污染物，污染物进入地表，随着时间的推移下渗，油污进入地下水。在非饱和地区，石油污染物会通过固态、气态和液态三种方式发生迁徙。

（二）开采煤炭资源对生态文明的影响路径

1. 对耕地的影响路径

煤炭的开采会产生地下空洞，这种空洞会使地表或地下塌陷，所产生的特殊地质构造会带来塌陷灾害，进而破坏地表形态，使得生态环境被破坏。农作物因此遭到破坏，动植物也改变了生存环境。王晓霞、王汉斌（2006）提到，煤炭开采中形成的采空区塌陷灾害，毁坏耕地现象严重，使大量耕地荒芜，可导致农业歉收或绝收。

2. 对水资源的影响路径

煤炭的开采也极大地影响了水资源。水污染主要来自以下几个方面：矿井废水、洗煤水、炸药厂废水、焦化厂废水等。这些污水在杨少华（2015）的研究中被提及，它们渗透进第四系孔隙水含水层、二叠系石炭系裂隙含水层、奥陶系岩溶裂隙含水层、神头泉域岩溶地下水等地层水，进而破坏水资源系统。

3. 对大气的影响路径

王晓霞（2006）指出，采煤过程中，有大量的煤矸石堆放，露天堆放的煤矸石会发生自燃，从而产生大量的废气污染。这些气体降低了空气质量，进入人体，引发一系列的呼吸道疾病。近几年来，我国最严重的空气污染就是雾霾，华北地区每年被雾霾笼罩，其中主要是可吸入颗粒物含量严重超标，对人体的健康产生了严重影响。酸雨也是在此过程中产生的，由于化石燃料的使用，会产生较多的硫化物、氰化物等有害气体，这些气体也是酸雨产生的根源，有害气体进入大气后和空气中的水结合，再预冷液化。

（三）开采天然气资源对生态文明的影响路径

天然气也是一大能源类型，其在开发过程中也有污染物进入环境中。苟建林（2013）对天然气勘探开发的主要污染源进行了分析。

天然气开发会产生两类废水，主要是原油和其他化学物质，这些废水会随之进入地表径流和地下径流，或者渗入土壤，对水资源和土质造成污染。

凝析气藏是天然气的开采对象之一，若是开采凝析气，凝析油会随着天然气的开发而出现。油落地后也会形成污染，遇到大风天气，由于其质量较小，很容易进入大气圈，污染大气；若进入土壤，会造成土质破坏；若落于河床，则造成水体污染。

（四）开发水力资源对生态文明的影响路径

水力发电对环境的影响实际上是由水资源的开发所引起的，例如：它可以改变农业和运输方式，并对人体健康产生影响；它可以改变下游的水流量和沉积物量，造成生态环境的明显变化；它可以改变水库地区的地下水水域，引起地下水位的上升和土壤中盐分的提高；它还可以引起地震活动趋于频繁等。

（五）开发地热能对生态文明的影响路径

类似于一般能源的开发，地热资源在开发过程中也会产生硫化氢等一些含盐的液体污染物，这些污染本身就从地下产生，随之进入土层，严重影响周围的土地，进入径流后污染水资源。地热资源的开发需要打造地热井，若是处理不当，会产生塌陷。当然，地热资源也有很多有利的途径影响生态环境，比如不需要外冷却水，这就节约了资源，也减少了冷却水的污染。

（六）利用生物沼气对生态文明的影响路径

农村很多家庭都使用沼气，发展沼气产业不仅使废弃物得到充分利用，循环地产生能量，也减少了废水的排放对生态的污染。具体的方式表现在以下两个方面：生物沼气的利用可以不用必要的燃烧，这就不会产生大量的温室气体，减轻了大气污染，并且发酵过程可以消灭粪便中大部分的有害细菌，有利于环境保护；生物沼气的能源效率高于使用薪柴燃烧产生的能量，这种循环经济的模式，不需要砍伐大面积树木，这就保护了林业，减轻了植被退化的危害。虽然生物沼气的使用在某些方面还是会产生负面影响，但利大于弊，值得推广使用。

二、能源使用对生态文明的影响路径

能源可以有效地推动经济社会发展，与生态文明建设密切相关。当前，以化石燃料为主的能源消费结构体系严重制约着我国生态文明建设。长期以来，中国保持着较高的发展速度，能源的消耗不断增加，并且在短时间内，我国还将会保持高煤炭使用的趋势，这使得生态环境承载力达到上限，不利于生态文明建设。

竺家亨（1989）把能源使用对环境的影响做了分类，有以下几个方面：①改变了地球的气候条件，如温室效应，就是由于碳排放的不断增加，积累到了一定程度，导致温度上升，从而产生大气变暖的效应；②海洋石油资源的使用导致海体被污染，生态环境受到威胁。此外，还包括水电站建设、废热的排放以及有害的化学物质对人体的侵害等。

1. 能源消费对空气的影响路径

在消费过程中，SO_2、CO_2、CO、NO_X、VOC 等有毒有害气体会随着汽车尾气的排放进入大气圈，其他的污染物会通过不同的路径进入地下，污染了大气、土地和水。

（1）城市大气污染。城市的大气污染主要是碳排放过多造成的。煤炭、石油和天然气等资源大量使用，产生了较多的烟尘、碳化物和硫化物，这些有害气体严重影响人体健康，也对动植物产生危害。

（2）二氧化碳排放剧增。我国北方农村地区冬季主要靠烧煤供暖，散烧煤燃烧后没有采取除尘、脱硫、脱硝等环保措施，加上大型工业窑炉、茶水炉等的无组织低空排放，大量的污染物和气体污染物在大气中扩散，增加了大气的悬浮微粒和二氧化硫浓度。

2. 石油运输对海洋的影响路径

石油运输对海洋的影响主要是漏油事故。每年我国都会发生一些船只碰撞或泄漏事故，其中的原油进入海里，影响海洋环境，而且污染日趋加剧。世界海洋污染物中，除营养盐之外，石油已成为首要污染物。石油污染和常规的污染有一些不同，当它进入生物体内后，以它的特性，会一直存留于生物体内，长此以往，对生物机体产生破坏，出现致癌物，导致畸形等。

3. 使用水能（以三峡水电工程为例）对生态文明的影响路径

水能会从以下几个方面影响生态：

（1）影响周围及其流域内的温度。据统计，以三峡水利枢纽为例，夏季平均气温下降，冬季温度升高。这有利于亚热带经济作物的种植，可以将这些作物种植在海拔较高处。

（2）水电站会改变水文环境。大坝建成蓄水后，动物被迫迁徙，与人类居住环境产生冲突，这就危害了生物多样性，尤其是鱼类，同时对人类居住环境也产生较大影响。

（3）诱生灾害。随着库区的面积扩大，水的深度增加，大量泥沙沉积，破坏周围的断裂层，一方面会诱发泥石流或山洪灾害，另一方面会引起岩层滑动。

4. 使用生物能对生态文明的影响路径

在农村生物能源利用方面，刘东生（2004）利用沼气能源生态模式项目环境影响综合评价指数计算了临漳县户用沼气的情况，他指出，农村生态模型有积极作用。可再生能源满足生活用能程度，提高农村可再生能源比例和畜禽粪便处理率，节约用水，节约燃料，减少化肥用量，减少农药用量，减排温室气体 CO_2和 SO_2，减排烟尘，减排恶臭，减少污水排放量，提升水质变化，增加土壤有机质，增加土壤氮磷钾营养元素，减少土壤农药残留量，保护森林覆盖面积，减少水土流失面积，减少土壤退化面积等。

我国部分地区水土流失严重，制约着农业的发展。有两种方式可以减少空气中的二氧化碳：①生物燃料产生的能量循环较快，燃烧生物燃料所产生的二氧化碳直接被植物吸收，生产出生物柴油的原料；②化石燃料燃烧所产生的二氧化碳，二氧化碳再转化成能源的形式，这个转化是非常慢的，可能会达上万年或是更久，而生物能可以有效地代替煤炭、石油等能源。众所周知，可吸入颗粒物超标是我国近年来大气污染的首要问题，使用生物能源是一种很好的选择，能减少固体颗粒的排放，减小其对人体的危害。

5. 利用太阳能对生态文明的影响路径

太阳能的应用领域在我国已经十分广泛，从工业到居民日常生活，已渗透到我们生活的每一个角落。与常规热电厂相比，太阳能对生态影响有以下两种途径：一是发电卫星系统会扰乱大气层中的微波传输，这就对一些接收微波的动物产生影响，致使不能正常接收微波信号；二是太阳能发电站需要大面积的土地，若是在我国东部地区建设，大面积的建设需要砍伐植被，不利于绿化建设。但是太阳能光电转化的使用有利方面远远大于它对生态的消极影响，是值得推广使用的。

三、能源基础设施建设对生态文明的影响路径

重大项目的建设会产生较大的生态问题。以水土流失为例，道路建设、采掘井建设、隧道开挖、废料回收场、填埋场、管道建设等工程都会导致水土流失。这些工程的施工会破坏土地的表层植被，使得表层土壤松动，从而导致土地沙化和水土流失；再者就是废弃物的堆放，这里的废弃物多半指施工中产生的废土、废渣，这些废弃物也会破坏地表植被，从而对生态产生破坏。

（一）石油能源基础设施建设对生态文明的影响路径

表 3-4　勘察及设施建设阶段石油资源开发的污染物

类型及阶段		工程活动	污染物
土壤	建设期 勘察期	钻探井	钻井污水和废弃泥浆、岩屑
		试油、试采、井下作业	废水、废液
		井下作业（测井、射孔、下泵）	井下反排的含油废水废液
大气	建设期 勘察期	钻探井、试油、试采、井下作业	柴油机、发电机烟气、车辆
		道路施工、场站建设、管道	扬尘
		钻井	驱动设备、钻机扬尘、烟气
		井下作业（测井、射孔、下泵）	车辆尾气
水	建设期 勘察期	钻探井	钻井污水和废弃泥浆、岩屑
		试油、试采、井下作业	废水、废液
		道路施工、建设、管道铺设	生活污水
		钻井	钻井污水
		井下作业	落地油

由表 3-4 我们可以清楚地看到，在石油能源基础设施建设阶段所产生的污染物，其对生态文明的建设有着很大的影响。一是在勘探过程中的车辆通行，破坏表层植被，一方面造成土地沙化等危害，另一方面对野生动物的栖息地造成破坏；二是造成一定的环境污染，由于生产垃圾和较多的废弃物，这些废弃物不一定会被回收，而且大部分是不可降解的，若被随地遗弃，则造成环境污染；三是开山挖掘会使用一定的炸药，其中的化学物质有危害性，会污染周围地质和水质。

（二）天然气管道铺设基础设施建设对生态文明的影响路径

范军（2010）陈述了天然气管道建设的影响。①在管道施工的过程中，人员和机器不断对施工地区的地理环境产生影响，首先要移除地表的植被，为施工车辆的进出铺设道路，挖掘铺设管道，打通隧道、跨越河流等，这些都会给生态带来极大的破坏。②运营期对生态环境的影响主要来自天然气管道发生的风险事故，天然气泄漏，甚至引发爆炸，这是由于较多的自然气候或地质灾害造成的管道、闸门等破裂或毁坏，同时人为因素也占部分原因，即处理不当导致故障，发生安全事故。这些都会严重影响周边和沿线地区的生态。

以俄罗斯为例，赵欣然（2012）等分析认为，俄罗斯建立了能源综合体，油气田的建设伴随着大量的施工，同时铺设管道，污染物很容易进入生态系统，造成严重的污染。这种建设投入实施后，会向空气中排放较多的温室气体（二氧化碳等），严重影响大气环境。

（三）页岩气的基础设施建设对生态文明的影响路径

高压水力压裂技术在页岩气的开采中运用广泛，但这种技术耗水量非常大，平均每口井耗水量是常规水力压裂井的 50～100 倍，加剧了水资源的短缺。在这种操作中，压裂液和产生的污水会通过岩石缝隙等路径渗透到地下，严重污染地下水，对居民的用水构成威胁。页岩气不同于天然气，它的特性导致其更容易产生甲烷等的泄漏，气体进入空气使二氧化碳浓度增加。

（四）水能基础设施建设对生态文明的影响路径

众所周知，在人们的印象中，水能一直是清洁、可再生的能源，但水能运用与建设也会对生态造成不小的影响。

1. 在建设过程中造成局部水土流失

水电站的建设会使山体变化，原土地表面的植被被破坏，造成了水土流失，同时，容易使山体变陡峭，引发塌方、泥石流地质灾害。此外，堵塞的泄洪通道，会使得较高的积水产生较大的势能，一旦塌陷，破坏性不容小觑。

2. 引水式电站造成局部河段脱水

水资源的过度利用会产生消极影响，主要表现在两个方面：一是流域内不正常调节库区水位，尤其是在枯水季节，部分水电站不正常开闸引流，使得流域内下游的水位下降甚至出现断流，严重影响居民的正常生活用水，同时降低了水的自洁能力，使水变得浑浊，增加细菌滋生，危害居民的健康。二是造成下游局部河段脱水、干枯或水流波动过大，对生态环境造成不利影响。

3. 脱水河段流量不足

在河流中上游，河床中的鹅卵石等碎石较多，使得河床较高，而河流内缝隙较多，在枯水期，水流量较小，少部分水从缝隙中流走，或从地下径流流走，这样使得居民生产、生活用水严重不足。

第四章　世界主要发达国家生态文明与能源消耗的演变

第一节　研究思路

一、基本综述

为了进一步分析江西省生态文明先行示范区的可行性及科学性，我们分析和研究的范围不能仅限于江西省的生态文明，我们还要结合能源消耗状况，对国外生态文明建设的实践做出基本的分析。本章以其他国家和地区的生态文明与能源消耗演变数据作为基础，并用数学模型作为分析工具对其进行分析，以研究江西省生态文明先行示范区所要考虑的因素。

在分析开始之前，我们根据经济发展、生态环境、民生及生态意识这三个基准指标进行深入研究，确定了 13 个评价国家生态文明的指标。分别是：第三产业占 GDP 比重、人均 GDP、每美元 GDP 二氧化碳排量、每千美元 GDP 甲烷排放量、每千美元 GDP 二氧化氮排放量、每亿美元 GDP 能源消耗量、易燃可再生能源及废弃物消费占能源消耗比重、每万平方公里市政垃圾处理总量、重要山区生物覆盖率、消费者价格指数（CPI）、教育支出占 GDP 比例、网络普及率、15 岁以上人群失业率。

我们的分析结果有几个层次的具体目标。首先，确定国家生态文明综合评分模型以及国家能源消耗综合评分模型。其中我们需要运用熵值法对已选指标的“价值”进行高低界定，将选定的生态文明评价指标对国家的生态文明建设状态进行评分。国外发达国家能源消耗评分模型则需要使用定性及定量分析的层次分析法来确定每个时间点的能源消耗得分。其次，在生态文明综合评分模型和国家能源消耗综合评分模型的基础上建立演变预测模型，这里的模型我们利用时间序列来建立，并结合国外能源消耗形势以及生态环境的变化进行合理的趋势分析。再次，我们将继续深入分析国外发达国家能源消耗对生态文明建设的影响，采用不同的相关分析法，对发达国家能源消耗各个指标对生态文明综合评分的相关性进行定量分析。此外，考虑不同人均GDP 水平下能源结构对生态文明建设的影响，结合不同国家及不同时间下，分析能源消耗对生态文明建设的影响。最后，对这些主要发达国家生态文明与能源消耗的演变做出系统性的总结。

二、研究对象

对于世界主要发达国家生态文明与能源消耗演变的研究，首先要界定研究对象和研究的时间范围。

全球范围内有 48 个（截至 2017 年 10 月）发达国家（和地区）。这些发达国家是指经济发展水平较高、技术较为先进、生活水平较高的国家（和地区）。另外，发达国家也称作工业化国家、高经济开发国家（MEDC）。发达国家大多具有较高的人均国民生产总值，不过仅依靠开发自然资源也可以达到较高的人均国民生产总值，而这样的国家未必有较先进的技术。研究世界主要发达国家生态文明与能源消耗，我们需要选择在经济发展及生态文明建设中有代表性的对象。因此，我们选择美国、英国、日本、澳大利亚和法国作为研究对象，其原因有三个：

（1）这五个国家生态文明具有差异性。所选国家均为发达国家中经济发展比较迅速的，但是它们的生态文明建设却有着一定差异。因此，能源消耗对生态文明的影响，以及评价生态文明建设的因素都会有所差异。这种差异性能够让我们在数据分析结果中得到量化，从而为进一步分析打下基础。

（2）所选的国家在地理上具有差异性。美国、日本、澳大利亚、法国及英国分别处于北美洲、亚洲、大洋洲以及欧洲，地理上具有很大的差异性。因此，这些国家在发展过程中在生态环境方面的负外部性会比较低，这能提高生态文明指标分析的科学性。

（3）数据获取的便捷性。五个国家历年统计数据库的完成度较高，能够方便我们准确地完成数据的收集。

本书选取澳大利亚及日本作为研究对象的主要原因在于两国在核能利用上的特殊性。由于澳大利亚宪法一直将无核化视为其重要国策之一，不仅民用设施，在军事领域也禁止任何核动力发展。因此，澳大利亚是到目前为止唯一一个实施无核化的发达国家。2011 年，日本福岛核电站发生泄漏事故，对国家能源及生态都造成了严重的破坏。因此，当局决定暂停大部分核能发电供应，对核电站的安全性做出全面的评估。日本核电泄漏事故导致核电发展受阻，至今日本的核电供应仍处于较低的水平。

三、研究的时间长度

研究的时间范围需要具备一定的跨度，考虑到 21 世纪初经济、文化、民生以及能源消耗情况的发展较为迅速，而这些快速变化的因素对生态文明建设的影响正是我们所希望能够挖掘的。因此，我们的数据来自这五个国家官方统计局或者能源、经济统计司的官方网站 2001—2016 年的数据。但是由于一些数据官方未公开，部分指标近两年的数据有所缺失，下文会提到对这些数据的修正，这在整体上并不影响分析结果的真实性。

我们首先假设能源消耗是生态文明建设的因变量，能源消耗自然会对生态造成影响，而这种影响程度直观上是不可逆、范围广、程度深的。但是这种影响未必是单向的，即能源消耗可能既是生态文明建设的因变量，也可能是生态文明建设的自变量。原因有两个：首先，能源消耗的量取决于人们日常生活以及生产的需求，因此，这与国家人口、CPI 等一系列生态民生指标是密不可分的。同时，国民生态意识的强弱以及生态环保知识的掌握程度，一定程度上会影响能源消耗的效率以及能源的浪费率。其次，在经济上，国家第三产业的发展会降低物质生产的压力，能源消耗的总量自然就会有所下降。因此，本书认为两者的因果关系是模糊的。

第二节 生态文明及能源消耗评价指标的选取

一、国内外生态文明生态评价体系介绍

国际上的生态文明评价体系建设工作在现阶段主要围绕着生态文明效率（Eco-Efficiency，缩写为 EEI）展开。生态文明水平源自 20 世纪 90 年代的 OECE（经济发展与合作组织）和世界可持续发展商业委员会的研究和政策中，通常作为企业和地区提高竞争力的有效途径。EEI 由普遍公认的 GDP 和生态足迹两个指标直接合成，原理简明，计算方便，易于应用。

本书的指标选取很大程度上结合了 EEI 基本评价指标体系的思想，生态效率的最初广泛地应用在国外的商业领域，它着重于利用更少的资源并减少浪费以及污染，创造更多的产品和服务。比如：丰田和东芝等公司在生产经营中实施生态效率评价以评估它们的产品。同样的，生态效率能够应用于国家和地区的经济活动中，以改善经济的整体运行。国外发达国家的生态效率指标侧重于它们所消费的能源、物料、污水、排放的温室气体等。EEI 的最终目标是为政府提供一个用于在生态效益的背景下衡量其绩效，并将生态效率的概念用于与环境可持续性有关的社会经济政策的实用工具。

国内方面，《中国省域生态文明建设评价报告（ECI 2014）》是生态文明绿皮书系列的第五部，展示了我国生态文明建设综合性量化评价的最新研究成果。该报告由北京林业大学生态文明研究中心严耕教授带领的科研团队完成。研究中心自 2007 年开始中国省域（未含港澳台地区）生态文明建设的量化研究，所提出的用于评价各省生态文明建设水平的生态文明建设评价指标体系（Eco-Civilization Construction Indices，ECCI）是该科研团队长期研究的核心成果。为引导和促进我国生态文明建设，ECCI 2014 从生态活力、环境质

量、社会发展和协调程度4个核心领域入手，选取23个具体指标，定量分析和评价各省域的生态文明建设状况，通过数据计算获得各省的年度生态文明指数（Eco-Civilization Index，ECI）。为考察“更绿”的生态文明水平，该报告还设计了只包括生态、环境和资源等内容，剔除了社会发展指标的绿色生态文明指数（Green Eco-Civilization Index，GECI）。此外，该报告还归纳出各省域生态文明建设的类型，对全国和各省域生态文明建设的发展趋势进行了分析，并对中国生态文明建设的整体状况进行了国际比较。

国内方面，中共中央办公厅、国务院办公厅于2016年12月12日发布了《生态文明建设目标评价考核办法》，其中的评价办法主要以绿色发展指标体系为参照，评估各地区资源利用、环境治理、环境质量、生态保护、增长质量、绿色生活、公众满意度等方面。可以看出我国的生态文明评价与EEI评价方法有一定的差异性，评价的差异主要集中于民生和生态意识方面，而这方面是EEI没有考虑的。这是由于EEI的评价宗旨是以资源的经济效益性为原则，而我国生态文明建设评价以“经济社会发展规律和自然规律，主动破解经济发展与资源环境矛盾，推进人与自然和谐”为其中的核心要点。

为了科学、整体地分析国外发达国家生态文明地演变，并对江西省生态文明评价做出有效的参照，本书结合国内外生态文明建设评价量化体系的核心内容，主要按照ECCI生态活力、环境质量、社会发展和协调程度4个核心领域以及23个具体指标提取具有代表性的评价要素。同时，分析发达国家的基本情况及其对江西生态文明的启示，根据第二章确定的指标选择原则，建立一套科学的评价指标体系（表4-1）。

二、发达国家生态文明综合评价指标的选取

对此我们首先需要针对发达国家在生态文明建设上的一些共性，找到合理的指标进行评价。根据ECCI和EEI的评价指标体系的指引，我们应把发达国家的经济及产业因素考虑进去。经济发展固然对国家生态文明的建设有着重大的正面作用或是负面作用：随着经济的增长，每一美元的GDP可以被政

府或是具有慈善性质的机构用于环境治理、生态保护等领域当中去；但每一美元的 GDP 可能产自于工业生产、农业生产产品所耗费的能源当中（能源的消耗产生大量影响生态环境的废气、废水的污染物）。因此，经济条件是我们必须引入的考虑因素。其次，我们关注的是国外生态环境的现状，生态环境最关键的作用是影响人的日常生活和生产活动，生态环境的优劣禀赋决定了人类正常活动是否能够有效进行。再次，我们还需要考虑国外民生及生态意识因素，人类作为大自然最重要的参与者，其日常活动在一定的程度上会改变生态环境状态。因此，人类的意识以及其居住环境相关的生活状态会影响着人类自身对生态环境的“反应”，进而影响生态文明建设。

表 4-1　发达国家生态文明评价指标表

一级指标	二级指标	三级指标	正负性
发达国家生态文明评价指标	生态经济	第三产业占 GDP 比重	正指标
		人均 GDP	正指标
		每亿美元 GDP 能源消耗量	负指标
	生态环境	每美元 GDP 二氧化碳排量	负指标
		每美元 GDP 甲烷排放量	负指标
		每美元 GDP 二氧化氮排放量	负指标
		易燃可再生能源及废弃物消费占能源消耗比重	正指标
		每万平方公里市政垃圾处理总量	负指标
		重要山区生物覆盖率	正指标
	民生及生态意识	消费者价格指数（CPI）	正指标
		教育支出占 GDP 比例	正指标
		网络普及率	正指标
		15 岁以上人群失业率	负指标

（一）指标选取及解析

1. 生态经济指标

第三产业占比：第三产业增加值与国民生产总值的比值。该指标属于相对指标，能直接反映第三产业的发展状况。第三产业，即除了农业畜牧业、制造业以外的产业（如交通运输、饮食、互联网等），每个国家对第三产业的划分都有所不同，它是一个国家经济“去物质化”程度的象征。因此，第三产业的增长意味着国家经济对物质生产依赖性的降低，而生态环境的压力会因为生产物资所消耗的能源需求下降而得到缓解。

人均 GDP：人均生产总值代表了当地经济发展情况，各个发达国家都会把每年的国内生产总值公布于官方的统计数据库中，该指标是国家经济发展的重要指标之一，能够作为经济因素对生态文明进行评价。

每亿美元 GDP 能耗：这是一个代表生态经济的重要指标，也是相对指标。各个发达国家都会把每年的能耗总量公布于官方的统计数据库中，能够直观地反映能源消耗对经济增长地转换效率。

2. 生态环境指标

每美元温室气体排放量：二氧化碳、甲烷、二氧化硫等温室气体排放量与国内生产总值的比值。该指标属于相对指标。二氧化碳排放污染对气候变化的影响日益受到科学家以及政府的关注。因此，它对生态环境的影响是不容忽视的，本书将二氧化碳排放与 GDP 的比值引入，能够直观地反映国家经济发展对气候变化的影响。

易燃可再生能源及废弃物消费占能源消耗比重：易燃可再生能源以及废弃物的消耗量与总能源消耗量的比值。该指标属于相对指标。易燃可再生能源以及废弃物的使用对于保障能源安全、保护生态环境、实现可持续发展具有重大意义。当前和今后一个时期，要加快可再生能源的开发。总的目标是：提高可再生能源在能源结构中的比例，解决偏远无电地区供电问题，改善农村生产、生活条件，推行有机废弃物的能源化利用，推进可再生能源技术的产业化发展。因此，引入该指标。

重要山区生物覆盖率：反映了国家重要山区中的生物多样性。该指标属于相对指标。生物多样性是生态环境优劣的一个重要指标，因此，该指标的选取符合代表性的原则，可以让我们从生物的角度对国家生态环境建设进行分析。

每万平方公里市政垃圾处理量：每万平方公里居民生活以及企业生产经营中所产生且被市政单位回收的垃圾。该指标属于负指标，指标越大表明该国产生垃圾的能力越大。

重要山区生物覆盖率：重要山区中生物存在的地区所占面积占全国重要山区面积的比值。该指标属于相对指标，一定程度上反映了生物多样性的情况，是衡量生态文明建设的重要要素之一。

3. 民生及生态意识指标

消费者价格指数（CPI）：CPI是反映与居民生活有关的消费品及服务价格水平的变动情况的重要宏观经济指标，它对于我们研究生态文明建设有两层重要含义：一是它与通货膨胀直接挂钩，能作为经济指标对生态文明进行合理评价；二是反映了居民物质需求状况，从民生状态的角度分析生态文明建设。

教育支出占GDP比例：国家教育经济总支出与国内生产总值的比值。该指标属于相对指标。教育经济总支出在一定程度上能够反映国家教育水平以及国民的文化水平。这进一步影响国民对生态文明的重视程度，个人环保的行为或是对不环保行为的约束能够为生态文明的建设带来增益效应。因此，引入此指标。

网络普及率：国内网民总数与人口总数的比值。该指标属于相对指标。网络普及反映了国民获取信息能力的强弱，这个指标表明了生态文明建设当中民生建设的完善程度。

15岁以上人群失业率：15岁以上失业人口与15岁以上应就业人口的比值。该指标属于相对指标。失业率同时反映了民生状况以及经济状况，本书认为这是生态文明建设中十分重要的一个指标。

（二）发展国家能源消耗评价指标的选取

发展国家对能源的依赖程度极高，研究能源消耗的演变前需要选择正确的相关指标。我们先从能源的分类开始讨论，不可再生能源以及再生能源为能源的两个基本分类，这是指标的两个基本选择分类。其中，不可再生能源大部分是自然界中经过亿万年形成，短期无法恢复以供人类再次利用的。不可再生能源包括煤、石油、天然气、化学能、核燃料等。由于20世纪人类文明的高速发展，人类对自然界资源的利用已经形成高度的依赖性。总而言之，不可再生能源是国家能源消耗的主要来源。处于次级地位的则是可再生能源，出于对不可再生能源的有限性以及不可再生能源洁净性的考虑，人们开始考虑对可再生能源开发利用。主要途径是通过风能、水力能、太阳能、地热能等资源进行发电，但由于能源转换低以及成本高昂，再加上技术的限制，目前可再生能源的使用程度较低。

本书根据重要性、可比性以及科学性的原则选取了以下能源消耗指标（表4-2）。不可再生能源对应有：煤炭消耗、石油消耗、天然气消耗、核能发电消耗；可再生能源对应有：其他可再生能源、水力能。

表4-2 发达国家能源消耗评价指标

评价层	标准层	指标层
发达国家能源消耗评价	不可再生能源	煤炭消耗量
		石油消耗量
		天然气消耗量
		核能发电消耗量
	可再生能源	其他可再生能源消耗量
		水力能发电消耗量

这六个能源消耗指标能够科学合理地反映发展国家对能源的基本需求，其中，“其他可再生能源”包含太阳能、风能、地热能、生物质能等可再生能源。这些能源由于各自的获取效率低下，获取量少，因此，本书把它们综合整理。另外，这六种能源都属于一级能源，即人类进行能源转换活动过程中所能获得的最初级的能源。而二级能源主要的角色之一——电能，可以通过一级能源中核能、风能、水力能以及太阳能转换而成。为了保留数据分析的异质性，本书不考虑二级能源指标的选取。

以上就是国外发达国家生态文明评价指标以及能源消耗评价指标的设定。

第三节 数据的整理①

一、美国部分

表 4-3 2001—2016 年美国生态文明评价指标数据表

时间	第三产业占比（%）	人均 GDP（美元/人）	每美元 GDP 二氧化碳排量（千克/美元）	每千美元 GDP 甲烷排放量（千克二氧化碳当量/十万美元）	每千美元 GDP 二氧化氮排放量（千克二氧化碳当量/十万美元）
2001	76.70	37269.56	0.54	6.71	3.76
2002	77.70	38169.38	0.53	6.43	3.65
2003	77.40	39678.28	0.51	6.16	3.49
2004	77.00	41922.57	0.49	5.74	3.49
2005	76.90	44310.41	0.46	5.48	3.04
2006	76.60	46433.94	0.43	5.19	2.96
2007	76.80	48066.52	0.41	5.01	2.89
2008	77.20	48400.47	0.39	5.02	2.70
2009	78.70	46997.19	0.37	5.10	2.77
2010	78.40	48381.42	0.37	4.83	2.74
2011	78.00	49784.81	0.35	4.62	2.68
2012	78.20	51449.86	0.32	4.42	2.53
2013	77.90	52787.85	0.32	4.32	2.42
2014	78.00	54592.29	0.31	4.20	2.32
2015	78.30	56206.44	0.29	4.12	2.27
2016	78.90	57471.68	0.28	4.11	2.22

时间	每亿美元 GDP 能源消耗量（万吨油当量/亿美元）	易燃可再生能源及废弃物消费占能源消耗比重（%）	每万平方公里市政垃圾处理总量（千吨/万平方公里）	重要山区生物覆盖率（%）
2001	2.34	2.91	226.81	21.17
2002	2.18	2.88	231.08	21.21

① 数据来源：中华人民共和国国家统计局、国家数据网站，http：//data.stats.gov.cn/index.htm；《BP 世界能源统计年鉴》，2017 版，2005 版；联合国数据库 UNdata，http：//data.un.org/。

续表

时间	每亿美元 GDP 能源消耗量（万吨油当量/亿美元）	易燃可再生能源及废弃物消费占能源消耗比重（%）	每万平方公里市政垃圾处理总量（千吨/万平方公里）	重要山区生物覆盖率（%）
2003	2. 04	3. 08	232. 10	21. 27
2004	1. 91	3. 15	239. 36	21. 67
2005	1. 80	3. 27	238. 99	21. 99
2006	1. 68	3. 41	242. 16	22. 15
2007	1. 64	3. 45	241. 60	22. 41
2008	1. 58	3. 71	237. 81	22. 49
2009	1. 53	3. 87	230. 35	22. 60
2010	1. 53	4. 00	235. 87	22. 67
2011	1. 46	4. 12	235. 83	22. 86
2012	1. 37	4. 45	236. 31	23. 90
2013	1. 36	4. 71	240. 33	23. 93
2014	1. 32	4. 75	237. 72	24. 05
2015	1. 26	4. 64	236. 85	24. 05
2016	1. 22	4. 93	239. 02	24. 05

时间	消费者价格指数（CPI）	教育占 GDP 比例（%）	网络普及率（%）	15 岁以上人群失业率（%）
2001	177. 10	5. 46	49. 08	4. 70
2002	179. 90	5. 41	58. 79	5. 80
2003	184. 00	5. 57	61. 70	6. 00
2004	188. 90	5. 31	64. 76	5. 50
2005	195. 30	5. 07	67. 97	5. 10
2006	201. 60	5. 39	68. 93	4. 60
2007	207. 30	5. 25	75. 00	4. 60
2008	215. 30	5. 30	74. 00	5. 80
2009	214. 54	5. 25	71. 00	9. 30
2010	218. 06	5. 42	71. 69	9. 60
2011	224. 94	5. 22	69. 73	8. 90
2012	229. 59	5. 11	79. 30	8. 10
2013	232. 96	5. 37	84. 20	7. 40

续表

时间	消费者价格指数（CPI）	教育占 GDP 比例（%）	网络普及率（%）	15 岁以上人群失业率（%）
2014	236.74	5.84	87.36	6.20
2015	237.02	5.55	88.78	5.30
2016	240.01	5.35	90.40	5.80

表 4-4　2001—2016 年美国能源消耗评价指标数据表

时间	煤炭（百万吨油当量）	石油（百万吨）	天然气（百万吨油当量）
2001	552.20	884.10	573.90
2002	552.20	884.90	593.70
2003	562.50	900.70	575.30
2004	566.10	936.50	577.30
2005	574.20	939.80	568.50
2006	565.70	930.70	560.00
2007	573.30	928.80	597.30
2008	564.10	875.80	600.60
2009	496.20	833.20	590.10
2010	525.00	849.90	619.30
2011	495.40	833.60	628.80
2012	437.90	817.00	657.40
2013	454.60	832.10	675.50
2014	453.50	838.20	490.00
2015	391.80	856.50	710.50
2016	358.40	863.10	716.30

时间	核电（百万吨油当量）	其他可再生能源（百万吨油当量）	水力能（百万吨油当量）
2001	183.10	16.40	49.60
2002	185.78	17.90	60.43
2003	181.89	18.20	63.05

续表

时间	核电（百万吨油当量）	其他可再生能源（百万吨油当量）	水力能（百万吨油当量）
2004	187.79	19.60	61.36
2005	186.24	20.60	61.80
2006	187.48	22.80	66.13
2007	192.06	24.80	56.58
2008	192.00	29.70	58.26
2009	190.25	33.90	62.51
2010	192.19	39.30	59.49
2011	188.19	45.70	73.01
2012	183.22	51.70	63.15
2013	187.91	60.20	61.40
2014	189.85	67.20	59.29
2015	189.85	71.50	56.94
2016	191.79	83.80	60.77

二、英国部分

表 4-5　2001—2016 年英国生态文明评价指标数据表

时间	第三产业占比（%）	人均 GDP（美元/人）	每美元 GDP 二氧化碳排量（千克/美元）	每千美元 GDP 甲烷排放量（千克二氧化碳当量/十万美元）	每千美元 GDP 二氧化氮排放量（千克二氧化碳当量/十万美元）
2001	75.20	22449.29	0.29	8.29	2.07
2002	75.60	23420.64	0.27	7.75	1.85
2003	76.50	24719.13	0.27	6.96	1.73
2004	77.40	25781.85	0.26	6.33	1.69

续表

时间	第三产业占比（%）	人均 GDP（美元/人）	每美元 GDP 二氧化碳排量（千克/美元）	每千美元 GDP 甲烷排放量（千克二氧化碳当量/十万美元）	每千美元 GDP 二氧化氮排放量（千克二氧化碳当量/十万美元）
2005	77.30	27114.42	0.25	5.65	1.54
2006	77.30	28408.69	0.25	5.12	1.40
2007	77.80	29630.72	0.24	4.65	1.32
2008	78.20	30171.89	0.23	4.21	1.26
2009	79.50	29269.17	0.22	3.96	1.20
2010	79.20	29721.53	0.22	3.57	1.19
2011	79.20	30271.84	0.20	3.33	1.10
2012	79.20	30963.35	0.21	3.09	1.06
2013	79.00	31906.88	0.19	2.75	1.03
2014	79.20	33154.24	0.18	2.52	1.01
2015	79.90	33741.31	0.17	2.28	0.94
2016	79.40	39935.69	0.16	1.85	0.76

时间	每亿美元 GDP 能源消耗量（万吨油当量/亿美元）	易燃可再生能源及废弃物消费占能源消耗比重（%）	每万平方公里市政垃圾处理总量（千吨/万平方公里）	重要山区生物覆盖率（%）
2001	1.74	1.08	1426.33	81.17
2002	1.64	1.24	1450.29	81.46
2003	1.56	1.37	1439.96	86.44
2004	1.47	1.47	1474.33	86.44
2005	1.39	1.73	1433.51	86.65
2006	1.31	1.81	1448.12	86.65
2007	1.21	1.99	1419.59	86.65
2008	1.16	2.32	1364.24	86.65
2009	1.13	2.72	1326.83	86.65
2010	1.13	3.21	1304.27	93.12

续表

时间	每亿美元 GDP 能源消耗量（万吨油当量/亿美元）	易燃可再生能源及废弃物消费占能源消耗比重（%）	每万平方公里市政垃圾处理总量（千吨/万平方公里）	重要山区生物覆盖率（%）
2011	1. 04	3. 65	1268. 00	93. 12
2012	1. 02	3. 73	1241. 36	93. 12
2013	0. 98	4. 25	1260. 83	93. 12
2014	0. 88	5. 08	1270. 65	93. 12
2015	0. 87	5. 48	1182. 54	93. 12
2016	0. 72	5. 22	1095. 22	93. 12

时间	消费者价格指数（CPI）	教育占 GDP 比例（%）	网络普及率（%）	15 岁以上人群失业率（%）
2001	73. 50	4. 39	33. 48	4. 70
2002	74. 50	4. 95	56. 48	5. 00
2003	75. 50	5. 10	64. 82	4. 80
2004	76. 50	5. 01	65. 61	4. 60
2005	78. 10	5. 20	70. 00	4. 80
2006	79. 90	5. 23	68. 82	5. 30
2007	81. 70	5. 15	75. 09	5. 30
2008	84. 70	5. 11	78. 39	5. 60
2009	86. 50	5. 31	83. 56	7. 50
2010	89. 40	5. 94	85. 00	7. 80
2011	93. 40	5. 76	85. 38	8. 00
2012	96. 00	5. 69	87. 48	7. 90
2013	98. 50	5. 84	89. 84	7. 50
2014	99. 90	5. 94	91. 61	6. 10
2015	100. 00	6. 04	93. 40	5. 30
2016	100. 60	6. 14	94. 80	6. 70

表 4-6　2001—2016 年英国能源消耗评价指标数据表

时间	煤炭（百万吨油当量）	石油（百万吨）	天然气（百万吨油当量）
2001	38.90	77.99	86.70
2002	35.70	77.80	85.60
2003	38.10	78.86	85.80
2004	36.60	80.82	87.70
2005	37.40	82.65	85.50
2006	40.90	82.97	81.10
2007	38.40	80.18	81.90
2008	35.60	78.72	84.50
2009	29.90	75.33	78.00
2010	30.90	74.28	84.60
2011	31.40	72.77	70.30
2012	39.00	70.16	66.50
2013	36.80	69.47	65.70
2014	29.70	69.15	60.00
2015	23.00	71.62	61.30
2016	11.00	73.09	69.00

时间	核电（百万吨油当量）	其他可再生能源（百万吨油当量）	水力能（百万吨油当量）
2001	20.40	1.80	0.90
2002	19.90	1.90	0.96
2003	20.10	2.00	1.14
2004	18.10	2.10	1.22
2005	18.50	2.70	1.28
2006	17.10	3.10	1.17
2007	14.30	3.30	1.21
2008	11.90	3.80	1.12
2009	15.60	4.50	1.21
2010	14.10	5.00	0.80

续表

时间	核电（百万吨油当量）	其他可再生能源（百万吨油当量）	水力能（百万吨油当量）
2011	15.60	6.50	1.30
2012	15.90	8.10	1.20
2013	16.00	11.10	1.10
2014	14.40	13.20	1.30
2015	15.90	17.50	1.40
2016	16.20	17.50	1.20

三、澳大利亚部分

表 4-7　2001—2016 年澳大利亚生态文明评价指标数据表

时间	第三产业占比（%）	人均 GDP（美元/人）	每美元 GDP 二氧化碳排量（千克/美元）	每千美元 GDP 甲烷排放量（千克二氧化碳当量/十万美元）	每千美元 GDP 二氧化氮排放量（千克二氧化碳当量/十万美元）
2001	70.20	19520.87	5.12	29.11	5.06
2002	69.90	20081.42	5.05	27.45	5.00
2003	70.40	23462.31	4.91	21.97	4.02
2004	70.40	30466.96	4.74	16.93	3.29
2005	70.10	34026.48	4.66	15.26	2.94
2006	69.10	36115.94	4.64	14.02	2.71
2007	69.70	40871.23	5.09	12.32	2.22
2008	69.70	49647.06	5.57	9.77	1.79
2009	68.60	42747.81	5.10	10.99	2.11
2010	70.50	51906.49	4.90	8.70	1.72
2011	69.00	62273.95	5.27	7.27	1.44
2012	69.30	67677.08	5.17	6.55	1.32
2013	70.70	67794.12	5.26	6.37	1.26

续表

时间	第三产业占比（%）	人均 GDP（美元/人）	每美元 GDP 二氧化碳排量（千克/美元）	每千美元 GDP 甲烷排放量（千克二氧化碳当量/十万美元）	每千美元 GDP 二氧化氮排放量（千克二氧化碳当量/十万美元）
2014	70.50	62242.11	5.29	6.72	1.38
2015	71.90	56548.97	5.32	7.25	1.50
2016	70.80	49950.27	5.34	8.05	1.79

时间	每亿美元 GDP 能源消耗量（万吨油当量/亿美元）	易燃可再生能源及废弃物消费占能源消耗比重（%）	每万平方公里市政垃圾处理总量（千吨/万平方公里）	重要山区生物覆盖率（%）
2001	3.00	4.81	17.07	51.48
2002	2.89	4.95	17.47	50.12
2003	2.46	4.73	17.97	49.48
2004	1.88	4.59	18.13	49.08
2005	1.72	4.50	17.99	48.03
2006	1.65	4.38	17.70	47.31
2007	1.47	4.39	17.95	46.53
2008	1.21	4.50	18.29	45.46
2009	1.37	3.27	18.13	44.64
2010	1.10	4.10	18.36	43.86
2011	0.95	3.73	18.13	42.73
2012	0.85	3.79	18.20	41.16
2013	0.84	4.01	18.50	48.99
2014	0.91	4.06	18.36	48.12
2015	1.03	4.34	18.11	47.25
2016	1.14	3.72	18.53	46.38

时间	消费者价格指数（CPI）	教育占 GDP 比例（%）	网络普及率（%）	15 岁以上人群失业率（%）
2001	74.60	67.06	52.69	6.70
2002	76.90	67.06	54.25	6.40
2003	79.00	67.84	58.51	5.90

续表

时间	消费者价格指数（CPI）	教育占 GDP 比例（%）	网络普及率（%）	15 岁以上人群失业率（%）
2004	80.80	67.90	61.94	5.40
2005	83.00	68.47	63.00	5.00
2006	85.90	71.62	66.00	4.80
2007	87.90	72.11	69.45	4.40
2008	91.80	72.53	71.67	4.20
2009	93.40	72.53	74.25	5.60
2010	96.10	72.66	76.00	5.20
2011	99.30	73.87	79.49	5.10
2012	101.00	73.87	79.00	5.20
2013	103.50	75.52	83.00	5.70
2014	106.00	75.52	84.56	6.10
2015	107.60	75.52	88.12	6.10
2016	109.00	75.52	89.81	6.90

表 4-8　2001—2016 年澳大利亚能源消耗评价指标数据表

时间	煤炭（百万吨油当量）	石油（百万吨）	天然气（百万吨油当量）
2001	48.20	38.72	19.80
2002	51.10	38.72	20.20
2003	49.40	38.95	20.20
2004	50.80	39.46	20.50
2005	53.50	40.89	19.90
2006	56.00	42.36	22.60
2007	54.10	42.69	25.30
2008	54.60	43.19	25.10
2009	54.50	42.96	26.20

续表

时间	煤炭（百万吨油当量）	石油（百万吨）	天然气（百万吨油当量）
2010	49.40	44.12	28.00
2011	48.10	46.29	30.30
2012	45.10	46.42	30.40
2013	43.00	48.27	32.00
2014	42.60	48.22	34.40
2015	44.10	47.95	38.60
2016	43.80	47.81	37.00

时间	核电（百万吨油当量）	其他可再生能源（百万吨油当量）	水力能（百万吨油当量）
2001	—	0.40	3.60
2002	—	0.50	3.60
2003	—	0.70	3.70
2004	—	0.80	3.60
2005	—	1.20	3.60
2006	—	1.40	3.40
2007	—	1.60	3.00
2008	—	1.70	2.70
2009	—	1.70	2.90
2010	—	2.00	3.10
2011	—	2.40	4.40
2012	—	3.00	3.90
2013	—	3.70	4.30
2014	—	4.10	3.30
2015	—	4.80	3.20
2016	—	5.40	4.00

四、日本部分

表 4-9　2001—2016 年日本生态文明评价指标数据表

时间	第三产业占比（%）	人均 GDP（%）	每美元 GDP 二氧化碳排量（千克/美元）	每千美元 GDP 甲烷排放量（千克二氧化碳当量/十万美元）	每千美元 GDP 二氧化氮排放量（千克二氧化碳当量/十万美元）
2001	70.30	33866.25	3.57	0.94	0.59
2002	71.00	32301.41	3.59	0.96	0.61
2003	71.20	34816.76	3.64	0.84	0.56
2004	71.30	37678.40	3.60	0.81	0.52
2005	71.90	37207.36	3.48	0.82	0.52
2006	71.90	35434.71	3.46	0.84	0.54
2007	71.70	35275.78	3.46	0.85	0.53
2008	72.50	39330.99	3.44	0.76	0.46
2009	73.90	40870.31	3.78	0.71	0.43
2010	72.40	44544.89	3.78	0.67	0.39
2011	73.80	48176.84	3.85	0.61	0.35
2012	73.80	48615.99	3.82	0.59	0.35
2013	73.80	40474.10	3.76	0.70	0.42
2014	73.40	38092.69	3.82	0.73	0.43
2015	74.80	34487.02	3.84	0.82	0.45
2016	75.10	38890.55	3.86	0.72	0.37

时间	每亿美元 GDP 能源消耗量（万吨油当量/亿美元）	易燃可再生能源及废弃物消费占能源消耗比重（%）	每万平方公里市政垃圾处理总量（千吨/万平方公里）	重要山区生物覆盖率（%）
2001	1.24	0.84	38.27	30.17
2002	1.29	0.88	37.93	30.98
2003	1.19	0.90	37.98	30.59
2004	1.09	0.87	37.36	29.87
2005	1.11	1.06	36.90	29.59

续表

时间	每亿美元 GDP 能源消耗量（万吨油当量/亿美元）	易燃可再生能源及废弃物消费占能源消耗比重（%）	每万平方公里市政垃圾处理总量（千吨/万平方公里）	重要山区生物覆盖率（%）
2006	1.16	1.08	36.41	28.66
2007	1.15	1.13	35.56	28.78
2008	1.02	1.11	33.67	27.24
2009	0.97	1.08	32.37	27.11
2010	0.82	1.87	31.75	27.03
2011	0.81	2.11	31.80	28.29
2012	0.76	2.15	31.66	28.58
2013	0.91	2.37	31.41	27.90
2014	0.93	2.53	30.70	28.94
2015	1.02	2.62	29.50	27.63
2016	0.90	2.63	28.58	30.16

时间	消费者价格指数（CPI）	教育占 GDP 比例（%）	网络普及率（%）	15 岁以上人群失业率（%）
2001	98.30	71.51	38.53	5.00
2002	97.40	71.79	46.59	5.40
2003	97.20	72.26	48.44	5.30
2004	97.10	72.94	62.39	4.70
2005	96.90	73.01	66.92	4.40
2006	97.10	73.12	68.69	4.10
2007	97.20	73.14	74.30	3.90
2008	98.50	73.30	75.40	4.00
2009	97.20	73.31	78.00	5.10
2010	96.50	73.32	78.21	5.10
2011	96.20	73.32	79.05	4.50
2012	96.20	73.78	79.50	4.30
2013	96.50	73.78	89.71	4.00
2014	99.20	73.78	90.58	3.60
2015	100.00	73.78	92.41	3.40
2016	99.80	73.78	93.70	3.80

表 4-10　2001—2016 年日本能源消耗评价指标数据表

时间	煤炭（百万吨油当量）	石油（百万吨）	天然气（百万吨油当量）
2001	103.00	246.21	66.80
2002	106.60	242.88	65.40
2003	112.20	247.03	71.80
2004	120.80	239.41	69.30
2005	121.30	243.24	70.70
2006	112.30	236.62	75.40
2007	117.70	228.63	81.20
2008	120.30	219.59	84.40
2009	101.60	200.05	78.70
2010	115.70	201.51	85.10
2011	109.60	201.74	95.00
2012	115.80	214.70	105.20
2013	121.20	206.21	105.20
2014	119.10	196.48	106.20
2015	119.90	189.00	102.10
2016	119.90	184.34	100.10

时间	核电（百万吨油当量）	其他可再生能源（百万吨油当量）	水力能（百万吨油当量）
2001	72.70	3.90	18.60
2002	71.30	4.20	18.90
2003	52.40	4.80	21.10
2004	64.70	5.40	21.10
2005	66.30	6.50	17.90
2006	69.00	6.60	20.40
2007	63.10	6.90	17.50
2008	57.00	6.80	17.50
2009	65.00	6.80	16.40

续表

时间	核电（百万吨油当量）	其他可再生能源（百万吨油当量）	水力能（百万吨油当量）
2010	66. 20	6. 80	20. 60
2011	36. 90	7. 00	19. 20
2012	4. 10	7. 70	17. 20
2013	3. 30	9. 30	17. 70
2014	0. 00	11. 80	18. 10
2015	1. 00	14. 80	19. 00
2016	4. 00	18. 80	18. 10

五、法国部分

表 4-11　2001—2016 年法国生态文明评价指标数据表

时间	第三产业占比（%）	人均 GDP（美元/人）	每美元 GDP 二氧化碳排量（千克/美元）	每千美元 GDP 甲烷排放量（千克二氧化碳当量/十万美元）	每千美元 GDP 二氧化氮排放量（千克二氧化碳当量/十万美元）
2001	74. 70	22511. 81	2. 80	5. 05	4. 06
2002	75. 20	24300. 28	2. 60	4. 56	3. 55
2003	75. 90	29691. 52	2. 12	3. 64	2. 79
2004	76. 10	33875. 60	1. 83	3. 09	2. 35
2005	76. 20	34884. 46	1. 74	2. 93	2. 22
2006	77. 10	36545. 11	1. 63	2. 77	2. 06
2007	77. 10	41596. 38	1. 39	2. 40	1. 80
2008	77. 60	45409. 35	1. 27	2. 19	1. 61
2009	78. 10	41631. 90	1. 32	2. 33	1. 69
2010	76. 80	40704. 29	1. 36	2. 36	1. 64
2011	79. 80	43816. 96	1. 17	2. 15	1. 46
2012	72. 40	40831. 56	1. 25	2. 24	1. 56

续表

时间	第三产业占比（%）	人均 GDP（美元/人）	每美元 GDP 二氧化碳排量（千克/美元）	每千美元 GDP 甲烷排放量（千克二氧化碳当量/十万美元）	每千美元 GDP 二氧化氮排放量（千克二氧化碳当量/十万美元）
2013	79.80	42560.61	1.20	2.10	1.49
2014	78.50	42951.91	1.07	2.10	1.51
2015	78.89	36767.37	1.27	1.98	1.71
2016	79.24	36846.04	1.28	1.88	1.63

时间	每亿美元 GDP 能源消耗量（万吨油当量/亿美元）	易燃可再生能源及废弃物消费占能源消耗比重（%）	每万平方公里市政垃圾处理总量（千吨/万平方公里）	重要山区生物覆盖率（%）
2001	1.94	4.21	583.30	75.55
2002	3.78	4.07	592.10	75.62
2003	1.44	4.22	568.84	76.08
2004	1.24	4.26	587.75	76.64
2005	1.19	4.42	604.46	79.25
2006	1.12	4.15	615.76	90.75
2007	0.97	4.57	627.36	90.77
2008	0.88	5.08	628.88	90.77
2009	0.91	5.55	625.07	91.40
2010	0.96	5.90	625.63	92.69
2011	0.85	5.44	634.40	92.69
2012	0.91	5.91	619.53	93.08
2013	0.88	6.28	615.87	93.08
2014	0.83	6.10	610.56	93.08
2015	0.98	6.14	612.90	93.08
2016	0.96	6.52	637.90	93.08

时间	消费者价格指数（CPI）	教育占 GDP 比例（%）	网络普及率（%）	15 岁以上人群失业率（%）
2001	81.24	5.42	26.33	8.60
2002	82.79	5.41	30.18	8.70
2003	84.53	5.72	36.14	8.30

续表

时间	消费者价格指数（CPI）	教育占 GDP 比例（%）	网络普及率（%）	15 岁以上人群失业率（%）
2004	86. 35	5. 64	39. 15	8. 90
2005	87. 85	5. 50	42. 87	8. 50
2006	89. 32	5. 44	46. 87	8. 40
2007	90. 65	5. 45	66. 09	7. 70
2008	93. 20	5. 44	70. 68	7. 10
2009	93. 28	5. 74	71. 58	8. 70
2010	94. 71	5. 68	77. 28	8. 90
2011	96. 71	5. 52	77. 82	8. 80
2012	98. 60	5. 53	81. 44	9. 40
2013	99. 45	5. 42	81. 92	9. 90
2014	99. 96	5. 12	83. 75	10. 30
2015	99. 99	5. 24	84. 15	10. 40
2016	100. 18	5. 35	86. 45	10. 80

表 4-12　2001—2016 年法国能源消耗评价指标数据表

时间	煤炭（百万吨油当量）	石油（千桶/日）	天然气（百万吨油当量）
2001	12. 10	96. 76	37. 70
2002	12. 40	94. 02	36. 50
2003	13. 30	93. 97	38. 70
2004	12. 80	94. 50	40. 50
2005	13. 30	93. 68	39. 60
2006	12. 10	93. 49	37. 90
2007	12. 30	92. 00	38. 20
2008	11. 90	90. 94	39. 40
2009	9. 90	87. 71	38. 00
2010	11. 50	87. 71	42. 20

续表

时间	煤炭（百万吨油当量）	石油（千桶/日）	天然气（百万吨油当量）
2011	9.80	84.87	37.00
2012	11.10	83.28	38.20
2013	11.60	80.68	38.80
2014	8.60	80.11	32.60
2015	8.40	77.75	35.10
2016	8.30	76.40	38.30
时间	核电（百万吨油当量）	其他可再生能源（百万吨油当量）	水力能（百万吨油当量）
2001	95.30	0.40	17.00
2002	98.80	0.60	13.90
2003	99.80	0.90	13.50
2004	101.70	1.00	13.50
2005	102.40	1.10	11.80
2006	102.10	1.40	12.70
2007	99.70	1.90	13.20
2008	99.60	2.30	13.70
2009	92.80	2.80	13.00
2010	96.90	3.40	14.20
2011	100.00	4.40	10.30
2012	96.30	5.50	13.50
2013	95.90	5.80	15.90
2014	98.80	6.50	14.10
2015	99.00	7.90	12.30
2016	91.20	8.20	13.50

六、国外发达国家生态文明评价指标数据的解释及修正

由于国外网站部分数据获取受限，以及最新数据的缺失，初步收集到的指标数据难以为进一步的建模过程建立完好的过程，需要根据条件的限制对部分指标的数据进行一些修正。首先，部分近两年的数据出现缺失现象，我们利用 Excel 软件绘制了指标数据（从 2001 年到最新更新）的散点图，观察数据的时序变化趋势。例如：英国的“每美元 GDP 二氧化碳排量”指标，我们发现它的趋势变化呈线性，先进行指数趋势线拟合，比如：英国教育支出占 GDP 比例这个指标，缺失 2013—2016 年这 4 个数据，再次查找数据无果后，为了消除缺失值对结果进行分析的影响，本书对该指标 2001—2012 年的数据进行最小二乘法的回归，然后得出线性趋势线 $y=-0.0074x+15.186$，再分别代入 2013—2016 年，得出预测值 0.19，0.18，0.17，0.16。其他数据如果出现曲线（如指数曲线）趋势，以同样方法处理，得出缺失值。其次是各国统计数据库的单位差异，这种差异可以通过下文所提到的无量纲化处理，再对数据进行进一步分析。

第四节　建模分析过程——以美国为例

完成了数据的收集与整合，接下来我们对这些数据进行进一步的加工处理：建立发达国家生态文明综合评分以及能源消耗综合评分。这两组变量的评分所代表的含义分别是国家生态文明建设的程度以及能源消耗量对国家生态的影响程度，分数越高，生态文明建设评价就越好或能源消耗对国家生态的影响程度就越大。通过得出两组评价数据，能够进一步研究发达国家生态文明以及能源消耗的演变和发展。

我们把重点放在美国的原因在于它比其他国家能源消耗水平要大得多，甚至比中国和俄罗斯还要多。美国人口约占世界人口总数的 5%，却消耗了全球 23%的能源，这是十分奢侈的。根据相关统计，如果按照人口数量在世界各国排列，那么美国排在第三位。但是其他排名前五位的大国加在一起的综

合能源消耗都不能与美国的能源消耗相提并论。换句话说，占世界人口5%的美国，对环境的影响比其他五个国家还要大。这就是为什么本书先对美国这个典型的能源消耗大国进行分析的原因。

目前，美国是世界上最大的能源消费国和进口国。根据美国能源部的估计，美国每年的能源支出超过5000亿美元，原油的消费量在过去10年里增长了约18 %。2005年，美国每天消耗近2100万桶原油和精炼产品，其中大约59%从其他国家进口。预计到2025年石油消费将增长40 %，进口依存度升至68 %。石油进口在地区分布上有三大板块：2005年，美洲占51 %；中东占22 %；非洲（撒哈拉以南）占22 %。20世纪50年代，美国曾是世界石油生产大国，几乎生产全球1/2的石油。现在，美国生产的石油却不能满足自身需求的1/2。美国石油进口依存度上升影响未来能源安全的主要风险因素在于：中东是目前世界石油产量最大、成本最低、出口最多的地区。将来，该地区仍将占据主导地位。美国前副总统切尼曾明确说过，谁控制中东海湾石油的流量，谁就对美国经济甚至对世界其他大多数国家经济有了钳制力。然而，该地区局势长期以来一直动荡不安，是世界上石油供应最不安全的地区。

对于美国生态文明建设以及能源消耗来说，它们的相关性是难以简单评定的。这种相关性可能是正向的，也可能是反向的。这要取决于不同国家的经济、政策和文化环境。本书会进行进一步的分析，对这种相关性有关的假设进行考虑。

一、生态文明综合评分模型的建立

美国是能源消耗第一大国，经济发展一直处于世界领先地位。另一方面，美国的生态文明建设也做得很好，从生态保护政策、生态文明倡导甚至生态文明教育方面都进行大力的投入。究竟这些投入有没有抵消能源消耗对美国生态文明的负面影响？本章会按照上述的思路进行详尽的考量。对于生态文明进行评分的模型仍然是第二章使用的基于改进的生态文明评价模型。

计算过程步骤如下：

步骤一：使用普通标准化方式将数据标准化，没有改变数据内在的差异。

本书采用极值处理法对数据进行无量纲化处理，同时消除指标正负性对评价的影响，使数据标准化。

正指标：

$$x'_{ij} = \frac{x_{ij} - \min\{x_{1j}, \cdots, x_{nj}\}}{\max\{x_{1j}, \cdots, x_{nj}\} - \min\{x_{1j}, \cdots, x_{nj}\}} \tag{4-1}$$

负指标：

$$x'_{ij} = \frac{\max\{x_{1j}, \cdots, x_{nj}\} - x_{ij}}{\max\{x_{1j}, \cdots, x_{nj}\} - \min\{x_{1j}, \cdots, x_{nj}\}} \tag{4-2}$$

将数据进行无量纲化。

以下为美国生态文明综合指标数据标准化后的结果（表 4-13）。

表 4-13　2001—2016 年美国生态文明综合指标数据标准化结果

时间	第三产业占比（%）	人均 GDP（美元/人）	每美元 GDP 二氧化碳排量（千克/美元）	每千美元 GDP 甲烷排放量（千克二氧化碳当量/十万美元）	每千美元 GDP 二氧化氮排放量（千克二氧化碳当量/十万美元）
2001	0.0435	0.0000	0.0000	0.0000	0.0000
2002	0.4783	0.0445	0.0517	0.1057	0.0695
2003	0.3478	0.1192	0.1284	0.2127	0.1743
2004	0.1739	0.2303	0.2122	0.3713	0.1738
2005	0.1304	0.3485	0.3208	0.4727	0.4688
2006	0.0000	0.4536	0.4389	0.5822	0.5185
2007	0.0870	0.5344	0.4847	0.6509	0.5609
2008	0.2609	0.5510	0.5596	0.6487	0.6894
2009	0.9130	0.4815	0.6396	0.6180	0.6408
2010	0.7826	0.5500	0.6416	0.7227	0.6595
2011	0.6087	0.6195	0.7255	0.8011	0.6969
2012	0.6957	0.7019	0.8279	0.8783	0.7946
2013	0.5652	0.7682	0.8382	0.9166	0.8704
2014	0.6087	0.8575	0.8773	0.9629	0.9330

续表

时间	第三产业占比（%）	人均 GDP（美元/人）	每美元 GDP 二氧化碳排量（千克/美元）	每千美元 GDP 甲烷排放量（千克二氧化碳当量/十万美元）	每千美元 GDP 二氧化氮排放量（千克二氧化碳当量/十万美元）
2015	0. 7391	0. 9374	0. 9502	0. 9960	0. 9624
2016	1. 0000	1. 0000	1. 0000	1. 0000	1. 0000

时间	每亿美元 GDP 能源消耗量（万吨油当量/亿美元）	易燃可再生能源及废弃物消费占能源消耗比重（%）	每万平方公里市政垃圾处理总量（千吨/万平方公里）	重要山区生物覆盖率（%）
2001	0. 0000	0. 0146	1. 0000	0. 0000
2002	0. 1362	0. 0000	0. 7221	0. 0141
2003	0. 2623	0. 0976	0. 6552	0. 0333
2004	0. 3798	0. 1317	0. 1828	0. 1746
2005	0. 4859	0. 1902	0. 2067	0. 2846
2006	0. 5876	0. 2585	0. 0000	0. 3411
2007	0. 6286	0. 2780	0. 0368	0. 4324
2008	0. 6841	0. 4049	0. 2834	0. 4599
2009	0. 7255	0. 4829	0. 7693	0. 4954
2010	0. 7282	0. 5463	0. 4098	0. 5212
2011	0. 7885	0. 6049	0. 4123	0. 5880
2012	0. 8709	0. 7659	0. 3809	0. 9472
2013	0. 8774	0. 8927	0. 1195	0. 9603
2014	0. 9133	0. 9122	0. 2892	0. 9999
2015	0. 9659	0. 8585	0. 3460	1. 0000
2016	1. 0000	1. 0000	0. 2047	1. 0000

时间	消费者价格指数（CPI）	教育占 GDP 比例（%）	网络普及率（%）	15 岁以上人群失业率（%）
2001	0. 0000	0. 4999	0. 0000	0. 9800
2002	0. 0445	0. 4328	0. 2349	0. 7600
2003	0. 1097	0. 6401	0. 3053	0. 7200

续表

时间	消费者价格指数（CPI）	教育占 GDP 比例（%）	网络普及率（%）	15 岁以上人群失业率（%）
2004	0.1876	0.3065	0.3794	0.8200
2005	0.2893	0.0000	0.4571	0.9000
2006	0.3895	0.4101	0.4804	1.0000
2007	0.4801	0.2249	0.6273	1.0000
2008	0.6073	0.2992	0.6031	0.7600
2009	0.5951	0.2289	0.5305	0.0600
2010	0.6511	0.4507	0.5472	0.0000
2011	0.7605	0.1955	0.4997	0.1400
2012	0.8345	0.0414	0.7314	0.3000
2013	0.8879	0.3802	0.8499	0.4400
2014	0.9480	1.0000	0.9264	0.6800
2015	0.9525	0.6178	0.9608	0.8600
2016	1.0000	0.3649	1.0000	0.7600

其中，$m=208$，表示第 j 个指标下 16 年 13 个评价指标的样本数据。

步骤二：计算第 j 个指标下熵值 E_j：

$$E_j = -\left(\frac{1}{In208}\right)\sum_{i=1}^{208} y_i In y_i$$

步骤三：计算第 j 个指标信息的效用价值 D_j：

$$D_j = 1 - E_j$$

步骤四：计算第 j 个指标的权重 W_j：

$$W_j = \frac{D_j}{\sum_{j=1}^{13} D_j}$$

步骤五：采用标准化后的值与指标权重加权求和计算生态文明指数 Z：

$$Z = \sum_{j=1}^{n} W_j \times Y_j$$

其中，W 表示该指标的权重，Y 表示使用极差法标准化后的标准值。

为了便于套用不同国家的生态文明指标数据，我们根据改进后的熵值法原理在 Matlab 上编制相应的程序，输入美国生态文明指标数据表中的数据矩阵，实现赋权的过程。结果如下（表 4-14）。

表 4-14　美国生态文明评价指标对应权重

一级指标	二级指标	三级指标	正负性	权重
发达国家生态文明评价指标	生态经济	第三产业占 GDP 比重	正指标	0.0958
		人均 GDP	正指标	0.0745
		每美元 GDP 二氧化碳排量	负指标	0.0760
		每美元 GDP 甲烷排放量	负指标	0.0574
		每美元 GDP 二氧化氮排放量	负指标	0.0685
		每亿美元 GDP 能源消耗量	负指标	0.0516
	生态环境	易燃可再生能源及废弃物消费占能源消耗比重	正指标	0.1059
		每万平方公里市政垃圾处理总量	负指标	0.0960
		重要山区生物覆盖率	正指标	0.1042
	民生及生态意识	消费者价格指数（CPI）	正指标	0.0828
		教育支出占 GDP 比例	正指标	0.0735
		网络普及率	正指标	0.0481
		15 岁以上人群失业率	负指标	0.0657

熵值法下美国生态文明各个评价指标的权重如表 4-14 所示。其中，权重大于 0.1 的指标有“易燃可再生能源及废弃物消费占能源消耗比重”以及“重要山区生物覆盖率”；权重在 0.07～0.1 的指标有“每万平方公里市政垃圾处理总量”“第三产业占 GDP 比重”“人均 GDP”“每美元 GDP 二氧化碳排放量”“消费者价格指数（CPI）”“教育支出占 GDP 比例”；权重在 0.07 以下的有“每美元 GDP 甲烷排放量”“每美元 GDP 二氧化氮排放量”“每亿美元 GDP 能源消耗量”“网络普及率”以及“15 岁以上人群失业率”。

在所得的结果当中，我们认为，除了能源消耗所释放的温室气体对生态文明造成影响外，研究生态文明建设的发展情况还有很多很重要的关注点，比如：产业结构、经济发展、可再生能源的利用比例、野生动物栖息环境等，这些指标占比较大。我们认为，美国在改善生态文明的过程中，调整产业规模、加大可再生能源和废弃物的利用以及保护野生动物栖息环境等工作效率高，换句话说，它们对生态文明建设的贡献率是比较大的。

表 4-15　2001—2016 年美国生态文明综合得分表

时 间	生态文明综合得分	时 间	生态文明综合得分
2001	0.0292	2009	0.0707
2002	0.0324	2010	0.0689
2003	0.0379	2011	0.0694
2004	0.0315	2012	0.0811
2005	0.037	2013	0.0848
2006	0.0439	2014	0.1009
2007	0.0485	2015	0.1015
2008	0.0592	2016	0.1031

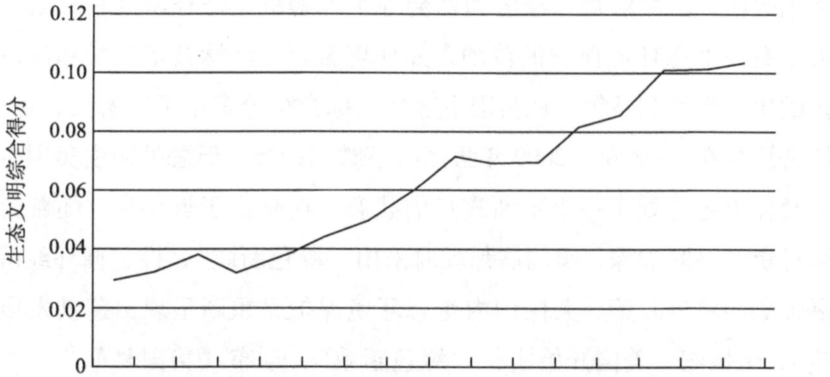

图 4-1　2001—2016 年美国生态文明综合评分折线图

如图 4-1 所示，美国生态文明综合评分在 2001—2016 年总体来说呈现波动上升的趋势。从 2001 年的 0.0292 分到 2016 年的 0.1031 分，一共上升了 0.0739 分，增幅为 253.0822%；16 年间最低分为 2001 年的 0.0292 分，最高分为2016年的0.1031分；平均分为0.0625分，标准差为0.0264分。

美国在生态环保这一方面一直处于世界领先水平。早在二战结束到冷战时期，美国就有一部分在环保方面具有先进思想的知识分子提出了资源保护主义和自然保护主义的环保理论体系，代表人物亨利·戴维·梭罗。同时，美国政府在这种理论体系的基础上制定了一套法律法规，为美国生态环保指明了一条自下而上的环境保护路线。到了20世纪20年代末，随着居民收入的增加，美国开始注意改善生活环境，政府积极推动对生态环境保护教育事业的发展，把关注点集中放在污染和健康问题上。同时，非政府生态环保组织的成立种类多样，关注点也有所不同，生态环保运动表现出多样化和包容性的特点。这一阶段，虽然出现反生态环保运动，但总体上仍是继续发展。基层环保组织队伍壮大，拥有雄厚的群众基础，反映了美国生态环保运动的壮大。美国环境保护已经实现了从空想到实际的转变。

进入21世纪，可持续发展成为美国生态环境保护的主导理念。为了进一步推动生态环境保护建设，美国推行的政策及措施工具更加灵活和多样化，综合利用政治、法律法规、经济和社会等手段解决生态环境问题。联邦政府还扩大了有关生态环境保护的范围，如环境教育、环境技术开发和应用、弱势群体的生态环境利益等。从美国生态文明综合得分表中可以看出，近16年间，综合评分在2008年、2009年虽然有下跌的趋势，但总的来说美国生态文明建设总体上还是处于一个不断进步的状态。这是由于近年来，随着全球生态环境危机的不断加深，美国联邦政府采用“绿色新政”、推动循环经济、大力发展低碳经济等政策，美国国内生态环境保护又重新呈现出蓬勃发展的态势。进入21世纪，美国开始实行“绿色新政”，颁布《美国复苏与再投资法案》，进一步推动清洁能源的使用，以保护生态环境。

再有，美国还特别注重生态环保教育，从小学就开始开设环保课，让学生在环保活动中学习，认识到保护环境的重要性。我国在这方面与美国还有着不小的差距，因此，在推动生态文明建设过程中，应该充分吸取有益的经验，加强生态文明法律法规体系的建设，综合运用环境、经济政策杠杆机制，加强对公众生态环保教育，提高环保意识。我们发现教育支出占GDP比例在评分当中的权重为0.0528，我们虽然无法直观地判断美国生态环保教育的实际占比，但是我们认为生态环保教育在生态文明建设中有着一定的地位。

二、基于演变的能源消耗评价模型——利用层次分析法

（一）层次分析法 AHP 介绍

1. *确认层次结构*

对于实际问题进行深入的分析，将指标细化，将所有的因素按照不同的属性自上而下地分解成若干个层次，每一层的因素从属于上一层的因素，或对上一层因素有影响，同时，支配着下一层的因素，或者受下一层因素影响，从而把实际问题转换成层次结构，是层次分析模型的基础。

2. *确定层权重*

从确认的层次模型的第二层开始，对于从属或影响到上一层因素的同一层因素间，用成对比较法和 1~9 比较尺度去构造判断矩阵 R，判断中元素 R 是同层第 i 和第 j 个因素的重要性的比值，而重要性的比值往往采用 1~9 标度方法，如表 4-16 所示。

$$R=\begin{bmatrix} a_{11} & a_{12} & \cdots & a_{1n} \\ a_{21} & a_{22} & \cdots & a_{2n} \\ \vdots & \vdots & \vdots & \vdots \\ a_{n1} & a_{n2} & \cdots & a_{nn} \end{bmatrix}$$，其中，$a_{ij}=1/a_{ij}$，（i，$j=1$，2，…，n 且 $i\neq j$）。

表 4-16　判断矩阵元素的标度

a_{ij}的标度	含　义
1	表示 i 和 j 两个因素相比，具有相同的重要性
3	表示两个因素相比，i 比 j 稍微重要
5	表示两个因素相比，i 比 j 明显重要
7	表示两个因素相比，i 比 j 强烈重要
9	表示两个因素相比，i 比 j 极端重要

续表

a_{ij}的标度	含 义
2，4，6，8	上述每两个间的中值
倒数	因素 a_i 与因素 a_j 的判断与 a_j 与 a_i 的判断值互为倒数

3. 计算判断矩阵 R 的最大特征根及对应特征向量，利用一致性指标、随机一致性指标和一致性比率做一致性检验

若通过检验，归一化后的特征向量即为权向量；反之，重新构造判断矩阵。具体步骤如下：

将判断矩阵 R 的每列向量归一化，公式：

$$W_{ij} = \frac{a_{ij}}{\sum_{i=1}^{n} a_{ij}} \tag{4-3}$$

将 W 按行求和：

$$W_{ij} = \sum_{i=1}^{n} W_{ij} \tag{4-4}$$

将 W 归一化，公式为：

$$\widetilde{W} = \frac{W_i}{\sum_{i=1}^{n} i} \tag{4-5}$$

计算判断矩阵 R 的最大特征根：

$$\lambda = \frac{1}{n}\sum_{i=1}^{n} \frac{(RW)_i}{W_i} \tag{4-6}$$

$$I = \frac{\lambda - n}{n - 1} \tag{4-7}$$

4. 对最大特征根做一致性检验

当一致性比率值 P 小于 0.1 时，认为判断矩阵 R 的不一致性程度在允许范围之内时，该矩阵的特征向量可作为权向量。

$$P = \frac{I}{S} \tag{4-8}$$

其中，I 称为一致性指标，S 称为随机一致性指标，其值如表 4-17 所示。

表 4-17　随机一致性指标 S 的数值

n	1	2	3	4	5	6	7
s	0	0	0. 58	0. 9	1. 12	1. 24	1. 32

5. 层次总排序

层次总排序是确定某层所有因素对于总目标相对重要性的排序过程。该过程是从最高层到最低层依次进行的。

6. 一致性检验

运用 MATLAB 对判断性矩阵进行一致性检验，从而得到权向量。

7. 得出结论

利用各个指标的数据建立矩阵，并将其与权向量相乘，即为美国能源消耗评价得分。

（二）建立能源消耗层次分析法评分模型

（1）建立递阶层次结构模型。

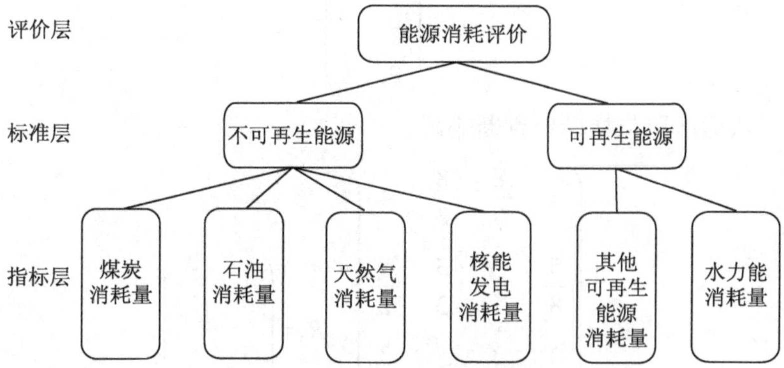

图 4-2　能源消耗评价结构模型图

（2）对标准层的两个能源分类进行标号，不可再生能源为 B1，可再生能源为 B2；再对指标层的七个指标进行标号，煤炭消耗量为 A1、石油消耗量为

A2、天然气消耗量为 A3、核能发电消耗量为 A4、其他可再生能源为 A5、水力能发电为 A6。

（3）本书中能源消耗评分模型需要构造三个判断矩阵，按照表 4-16 的标度方法，根据相同层次中各个指标之间重要性大小进行假设，如上文所述，在能源的两个基本分类中，不可再生能源的消耗和利用程度比可再生能源消耗高，因此，确定不可再生能源和可再生能源的标志值分别为 3 和 1。此外，由于本书主要研究能源消耗对生态文明的影响，而能源消耗对生态环境的改变是最重要的影响。因此，本书在指标层中根据不同能源对环境生态环境影响的强弱分析，再经过讨论与分析，制定不同能源消耗项目的不同标度等级。

经过对能源消耗的路径、影响范围及影响深度这几个要点的分析，本书将六项能源消耗对自然环境的影响程度进行了比较与排名，得出的煤炭消耗量（A1）、石油消耗量（A2）、天然气消耗量（A3）、核能发电消耗量（A4）的标度分别为：8，5，3，2；另一方面，从不可再生能源中对生态环境影响的角度分析，其他可再生能源（A5）、水力能发电消耗量（A6）的标志值分别为：4 和 3。

从评价层与标准层判断矩阵：

$$R_1=\begin{pmatrix}1 & 3\\ \frac{1}{3} & 1\end{pmatrix}$$

（4）从标准层与指标层判断矩阵：

$$R_2=\begin{pmatrix}1 & \frac{8}{5} & \frac{8}{3} & 4\\ \frac{5}{8} & 1 & \frac{5}{3} & \frac{5}{2}\\ \frac{3}{8} & \frac{3}{5} & 1 & \frac{3}{2}\\ \frac{1}{4} & \frac{2}{5} & \frac{2}{3} & 1\end{pmatrix},\quad R_3=\begin{pmatrix}1 & \frac{4}{3}\\ \frac{3}{4} & 1\end{pmatrix}$$

其中，R_1 和 R_3 为二阶矩阵，必定通过一次性检验。迭代计算得出七个指标的权向量值（表 4-18）。

表 4-18　美国能源消耗评价指标权数表

评价层	标准层	指标层	权 数
发达国家能源消耗评价	不可再生能源	煤炭消耗量	0.3333
		石油消耗量	0.2084
		天然气消耗量	0.1250
		核能发电消耗量	0.0833
	可再生能源	其他可再生能源消耗量	0.1429
		水力能发电消耗量	0.1071

将权数代入到美国能源消耗量进行计算，并将结果除以国土面积，得出以下能源消耗的历年评分数据（表 4-19）。

表 4-19　2001—2016 年美国能源消耗评分表

时 间	能源消耗评分	时 间	能源消耗评分
2001	0.4806	2009	0.4570
2002	0.4850	2010	0.4750
2003	0.4896	2011	0.4646
2004	0.4994	2012	0.4442
2005	0.5018	2013	0.4570
2006	0.4967	2014	0.4608
2007	0.5034	2015	0.4465
2008	0.4901	2016	0.4395

由图 4-3 所示，美国能源消耗综合评分在 2001—2016 年 16 年间总体上处于一个波动的下降状态中，其中从 2008 年、2009 年的急速下滑开始，美国能源消耗评分开始有波动地下降。从 2001 年的 0.4806 分到 2016 年的 0.4395 分，一共下降了 8.55%；16 年间平均分为 0.4745，标准差为 0.02184；最高点为 2005 年的 0.5018 分，最低点为 2016 年的 0.4395 分。

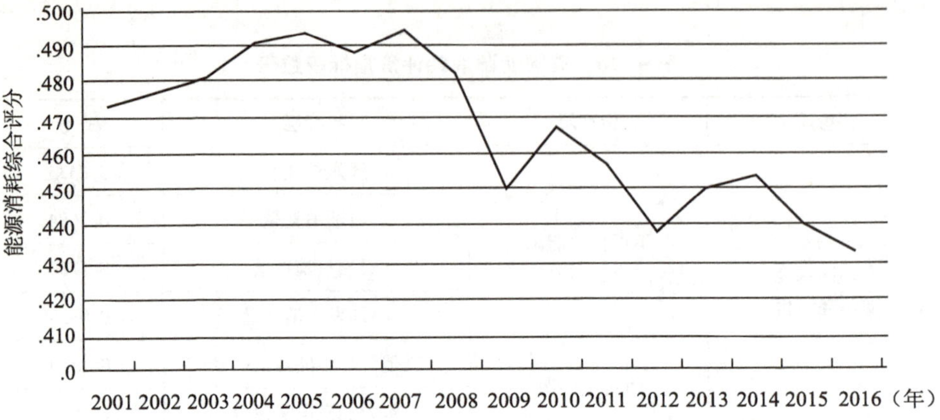

图 4-3　2001—2016 年美国能源消耗综合评分折线图

美国第三产业的发展呈现了全球经济“去物质化”的趋势。因此，美国制造业、农业、畜牧业等物质型产业内的需求情况必定受到一定的冲击，而用在生产的能源需求也将会有所下降。生态文明建设与能源消耗直接挂钩，能源消耗所带来的一系列问题：能源短缺、温室效应，甚至物种灭亡，直接对生态文明建设的各方面造成影响。

同时，石油的价格的大幅下跌以及天然气价格的逐步上升使美国能源需求发生了剧烈的波动，最终降低至一定水平。这也反映在图 4-3 美国能源消耗综合评分折线图当中。

三、基于演变的时间序列预测模型——Holt 指数平滑法

1. 指数平滑法基本原理

指数平滑法是一种特殊的加权移动平均法，其加权的特点是对离预测期近的数据给予较大的权数，对离预期远的历史数据给予较小的权数。

指数平滑法一般有一次指数平滑法、二次指数平滑法和三次指数平滑法。初始值的确定，即第一期的预测值。一般原数列的项数较多时（大于 15 项），可以选用第一期的观察值或选用比第一期前一期的观察值作为初始值。如果原数列的项数较少时（小于 15 项），可以选取最初几期（一般为前三期）的

平均数作为初始值。指数平滑方法的选用，一般可根据原数列散点图呈现的趋势来确定。如呈现直线趋势，选用二次指数平滑法；如呈现抛物线趋势，选用三次指数平滑法。或者，当时间序列的数据经二次指数平滑处理后，仍有曲率时，应用三次指数平滑法。

根据图 4-1，2001—2016 年美国生态文明评分数据具有明显的线性趋势，因此，选用二次指数平滑法进行时间序列预测。而根据图 4-3，2001—2016 年美国能源消耗评分数据呈现直线下降趋势，因此，同样选用二次指数平滑法进行操作。本书引入的是 Holt 双参数二次指数平滑法对两组变量进行时间序列预测。

2. Holt 双参数二次指数平滑法基本原理

这种方法适用于具有线性时间趋势且无季节变差的情形，以线性趋势无季节成分进行预测。Holt 指数平滑法使用两个参数，y_t 平滑后的序列 $\hat{y}_t$ 由下式给出：

$$\hat{y}_{t+k} = a(t) + b(t)k \tag{4-9}$$

其中，a 表示截距，b 表示趋势。这两个参数由如下递归式定义：

$$a(t) = \alpha y_t + (1 - \alpha)[a(t - 1) + b(t - 1)] \tag{4-10}$$

$$b(t) = \beta[a(t) - a(t - 1)] + (1 - \beta)b(t - 1) \tag{4-11}$$

其中，α，β 为阻尼因子，为 0~1。Holt 指数平滑法的预测值计算如下：

$$y_{t+k} = a(T) + b(T)k \tag{4-12}$$

其中，截距为 $a(T)$，斜率为 $b(T)$。

3. 计算机软件下的结果及分析

生态文明时间序列预测结果如表 4-20 所示，以下为 SPSS 预测结果。

表 4-20　美国生态文明时间序列模型统计结果

模型	预测变量个数	模型拟合度统计信息	L-Box Q（18）			界外值数
		平稳的 R^2	统计	DF	显著性	
生态文明评分-模型_ 1	0	.584		0		0

表 4-21　2017—2021 年美国生态文明综合评分时间序列模型预测结果表

模型		2017	2018	2019	2020	2021
生态文明评分-模型_ 1	预测	. 1099	. 1152	. 1207	. 1261	. 1305
	UCL	. 1236	. 1303	. 1380	. 1455	. 1716
	LCL	. 0963	. 1002	. 1033	. 1067	. 0902

注：对于每个模型，预测开始于所求估计期范围的最后一个非缺失值，结束于所有可用预测变量非缺失值的最后一个周期，或者结束于所求预测期的结束日期，取两者中较早的一个。

由结果（表 4-21）所示，未来美国的生态文明综合评分在 5 年内仍会进一步上升，而且预测模型的 t 检验 p 值为 0. 000，结果十分显著，拒绝原假设并认为结果具有统计学意义。我们认为，美国生态文明综合评分将会从 2017 年的 0. 1099 分上升到 2021 年的 0. 1305 分，总增长率为 18. 74%；最高预测值从 2017 年的 0. 1236 分上升到 2021 年的 0. 1716 分，最低预测值从 0. 0963 分下降到 0. 0902 分。

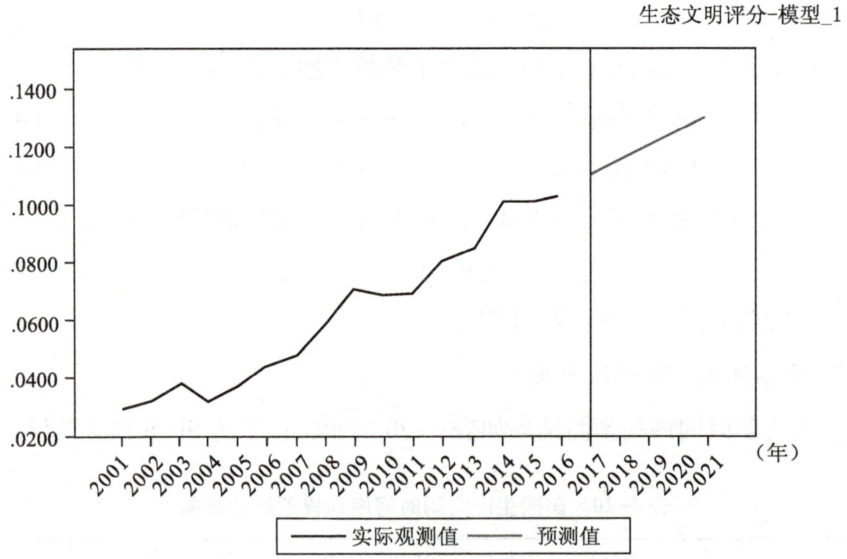

图 4-4　2001—2021 年美国生态文明综合评分时间序列模型预测结果折线图

以下为美国能源消耗评分时间序列预测——Holt 指数平滑法。

表 4-22　美国能源消耗综合评分时间序列模型统计结果表

模型	预测变量个数	模型拟合度统计信息	L-Box Q（18）			界外值数
		平稳的 R^2	统计	DF	显著性	
能源消耗评分-模型_ 1	0	.716		0		0

表 4-23　2017—2021 年美国能源消耗综合评分时间序列模型预测结果表

模型		2017	2018	2019	2020	2021
生态文明评分-模型_ 1	预测	.4375	.4338	.4301	.4264	.4228
	UCL	.4722	.4689	.4706	.4716	.4622
	LCL	.4087	.3987	.3897	.3813	.3733

注：对于每个模型，预测开始于所求估计期范围的最后一个非缺失值，结束于所有可用预测变量非缺失值的最后一个周期，或者结束于所求预测期的结束日期，取两者中较早的一个。

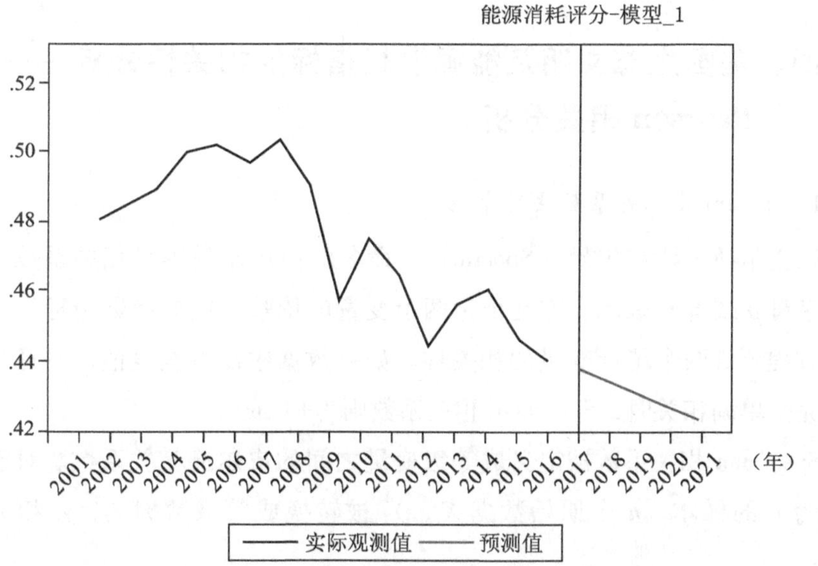

图 4-5　2001—2021 年美国能源消耗时间序列模型预测结果折线图

由结果（表 4-23，图 4-5）所示，未来美国的能源消耗综合评分在 5 年内仍会进一步下降，而且预测模型的 t 检验 p 值为 0.000，结果十分显著，拒绝原假设并认为结果具有统计学意义。我们认为，美国能源消耗综合评分将会从 2017 年的 0.4375 分下降到 2021 年的 0.4228 分，增长率为-3.36%；最高预测值从 0.4722 分下降到 0.4662 分，最低预测值从 0.4087 分下降到 0.3733 分。

由图 4-4、图 4-5 的结果显示，未来美国的生态文明综合评分在 5 年内仍会进一步上升，而能源消耗综合评分则进一步下降。这预示着西方主要发达国家在经济发展以及经济转型的过程中更少地依赖能源消耗。此外，生态文明作为发达国家全方面发展的重要推动力，其发展水平进一步的增长，这与发达国家的生态环保政策的预期推动结果相吻合。因此，江西省生态文明先行示范区能源消耗标准可以模仿上文时间序列分析能源消耗综合评分以及生态文明综合评分的变化幅度以及比例，在政策层面上进行有效的调整。（可参考以下指标：美国生态文明综合评分年均上升率为 3.824%，能源消耗综合评分年均下降率为 0.092%）

四、美国生态文明及能源消耗指标的相关性分析——Pearson 相关分析

1. Spearman 相关系数法的介绍

以查尔斯·斯皮尔曼（Spearman）命名的斯皮尔曼等级相关系数，常用希腊字母 ρ 或者 r_s 表示。它是衡量两个变量的依赖性的非参数指标。它利用单调方程评价两个统计变量的相关性。如果数据中没有重复值，并且当两个变量完全单调相关时，Spearman 相关系数则为+1 或-1 。

Spearman 相关系数被定义成等级变量之间的皮尔逊相关系数。对于样本容量为 n 的样本，n 个原始数据 X_i，Y_i 被转换成等级数据 x_i，y_i 相关系数 ρ 为：

$$\rho = \frac{\sum_i (x_i - \bar{x})(y_i - \bar{y})}{\sqrt{\sum_i (x_i - \bar{x})^2 \sum_i (y_i - \bar{y})^2}} \tag{4-13}$$

Spearman 相关系数是利用两变量的秩次大小进行线性相关分析，对原始变量的分布不做要求，属于非参数统计方法，适用范围要广些。对于服从 Pearson 相关系数的数据亦可计算 Spearman 相关系数，但统计效能要低一些。

本书为了准确分析发达国家生态文明综合评分以及能源消耗的综合评分间的相关关系，先考虑满足数据分布、线性关系等 Pearson 相关系数法的使用要求。如果通过使用要求，那么优先使用 Pearson 相关系数；如果没有通过，则使用 Spearman 相关系数。

对此，研究关于发达国家生态文明综合评分以及能源消耗综合评分在 Pearson 相关系数法下相关性检验的可行性。首先本书所选取的两个变量是 2001—2016 年内可以任意取值的变量，其数值是连续不断的，相邻两个数值可作无限分割，即可取无限个数值，是连续变量。

然后，我们将对美国生态文明综合评分以及能源消耗综合评分分别用 SPSS 软件进行正态性分析。由于 t-检验的假设是检验的数据满足正态分布，否则对于小样本不满足正态分布的数据用 t-检验就会造成较大的偏差。由于本书样本容量较少，本书运用 K-S（Kolmogorov-Smirnov）进行正态分布的检验。

2. 利用 Kolmogorov-Smirnov 进行正态分布检验

Kolmogorov-Smirnov 是比较一个频率分布 $f(x)$ 与理论分布 $g(x)$ 或者两个观测值分布的检验方法。其原假设 H_0：两个数据分布一致或者数据符合理论分布。

$$D = \max | f(x) - g(x) |$$

当实际观测值 $D > D(n, \alpha)$ 则拒绝 H_n，否则则接受 H_n 假设。

KS 检验适用于连续和定量数据。

3. 计算机软件下两组变量正态性以及线性的分析结果

表 4-24 美国生态文明综合评分单样本 K-S 检验结果表

		生态文明评分
数字		16
正态参数[a,b]	平均值	.062500
	标准差	.0263656

续表

		生态文明评分
最极端差分	绝对值	.140
	正	.140
	负	-.115
检验统计		.140
渐近显著性		.200[c,d]

注：a. 检验分布是正态分布。
b. 根据数据计算。
c. Lilliefors 显著性校正。
d. 这是真正显著性的下限。

由表 4-24 可知，其中双侧近似显著性为 0.2，该值大于 0.05，即平均值有大于 5%的机会相等，表明检验是不显著的。因此，拒绝原假设，接受虚无假设，即变量（美国生态文明综合评分）近似服从正态分布。

表 4-25 美国能源消耗综合评分单样本 K-S 检验结果表

		生态文明评分
数字		16
正态参数[a,b]	平均值	456.9272
	标准差	21.03105
最极端差分	绝对值	.131
	正	.112
	负	-.131
检验统计		.131
渐近显著性（双尾）		.200[c,d]

注：a. 检验分布是正态分布。
b. 根据数据计算。
c. Lilliefors 显著性校正。
d. 这是真正显著性的下限。

由表 4-25 可知，其中双侧近似显著性为 0.2，该值大于 0.05，即平均值有大于 5%的机会相等，表明检验是不显著的。因此，拒绝原假设，接受虚无假设，即变量（美国能源消耗综合评分）近似服从正态分布。

美国生态文明综合评分以及能源消耗综合评分是成对的系列数据，再将美国生态文明综合评分作为 x 轴、美国能源消耗综合评分作为 y 轴建立散点图。

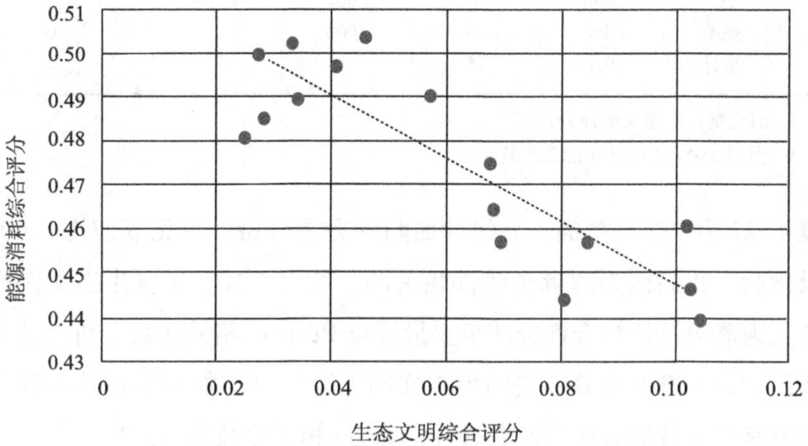

图 4-6　美国生态文明综合评分及能源消耗综合评分散点图

由图 4-6 可看出美国生态文明综合评分以及能源消耗综合评分之间近似符合线性关系。

表 4-26　美国生态文明综合评分及能源消耗综合评分线性回归系数[a] 统计表

模型	非标准化系数		标准系数	t	显著性
	B	标准错误	贝塔		
常量	.556	.078		7.133	.000
能源消耗评分	-.001	.000	-.861	-6.338	.000

注：a. 因变量：生态文明评分。

由表 4-26 可知，变量近似符合 $y=-0.001x+0.556$ 的线性关系，两个系数的 t 检验 p 值均为 0.000，远低于 0.05 显著性水平。

表 4-27　美国生态文明综合评分及能源消耗综合评分线性回归方差分析表

ANOVa[a]

模型		平方和	自由度	均方	F	显著性
1	回归	.008	1	.008	40.166	
	残差	.030	14	.000		.000[b]
	总计	.010	15			

注：a. 因变量：生态文明评分；
　　b. 预测变量：（常量）能源消耗评分。

表 4-27 为两个变量的一元线性回归的方差分析。可见 p 值为 0.000，通过假设检验，我们认为两者是线性相关的。综上所述，美国生态文明综合评分以及美国能源消耗综合评分两组变量符合 Pearson 相关系数分析法的基本条件。因此，为了进一步验证美国生态文明综合评分与能源消耗综合评分线性相关的显著性，我们直接对两者进行 Pearson 相关系数检验。

以下为 SPSS 软件中的 Pearson 相关系数法过程。

表 4-28　美国生态文明综合评分及能源消耗综合评分相关系数表

		生态文明评分	能源消耗评分
生态文明评分	Pearson 相关性	1	-.861**
	显著性（双尾）		.000
	N	16	16
能源消耗评分	Pearson 相关性	-.861**	1
	显著性（双尾）	.000	
	N	16	16

注：** 在置信度（双侧）为 0.01 时，相关性是显著的。

由表 4-28 可知，美国生态文明综合评分与能源消耗综合评分的 Pearson 评分相关系数为-0.861，为负相关，相关性一般；同时，显著性水平（双边）为 0.000，低于假设性检验的 0.05 水平，通过假设性检验。因此，结论是两者线性相关的显著性程度比较高，相关性水平一般。

我们分析，美国生态文明综合评分近 16 年间总体上看虽然都同样呈现上升的趋势，但是能源消耗综合评分处于下降的趋势，这种上升趋势和下降趋势相关性是显著的。因此，我们无法否认能源消耗与生态文明之间紧密的因果关系。

五、美国能源消耗对于生态文明建设的滞后性分析

我们进一步分析能源消耗与生态文明的演变及相互关系，需要考虑两者相互影响的滞后性问题。滞后性出现的原因：生态文明建设的过程是一个循序渐进的过程，它的变化可能由于政策实施没有得到及时的落实。同时，能源消耗对当年生态环境未造成很大的影响，反而会在接下来的一年、两年、三年……才产生比较大的影响。因此，若能源消耗对生态文明建设有滞后性影响，那么能源消耗综合评分和生态文明综合评分的相关关系应该得到增强。

先对各个滞后数据组进行正态性的辨别。我们对滞后 1 期到滞后 7 期的数据均进行了 Kolmogorov-Smirnov 非参数检验，7 组滞后数据共 14 组变量的序列的 p 值均为 0.2，表明检验是不显著的。因此，每组检验均拒绝原假设，接受虚无假设，即变量近似服从正态分布。

此外，我们对滞后 1 期到滞后 7 期进行一元线性回归，在方差分析中观察它们的线性关系。

表 4-29　美国各滞后期线性回归 p 值表

	滞后 1 期	滞后 2 期	滞后 3 期	滞后 4 期	滞后 5 期	滞后 6 期	滞后 7 期
p 值	0.001	0.004	0.013	0.051	0.119	0.329	0.710

由方差分析结果（表 4-29）可知，滞后 1 期到滞后 3 期的两组数据（生态文明综合评分为因变量）均通过 0.05 的显著性水平，因此，可认为是存在线性关系；而滞后 4、5、6、7 期没有通过 0.05 的显著性水平，因此，认为滞后 6、7 期不存在线性关系。

综上所述，美国生态文明综合评分以及能源消耗综合评分滞后 1 期到 3 期均满足 Pearson 相关性检验的使用条件，因此，用 Pearson 相关性检验法进

行相关性检验；而滞后 4、5、6、7 期的数据则使用 Spearman 相关检验法进行相关性检验。

对滞后数据继续做 Pearson 及 Spearman 相关性分析。以下是美国生态文明综合评分以及不同能源消耗滞后期之间相关关系的检验结果。

表 4-30　滞后一期相关系数表

		生态文明评分 1	能源消耗评分 1
生态文明评分 1	Pearson 相关性	1	-. 779**
	显著性（双尾）		. 001
	N	15	15
能源消耗评分 1	Pearson 相关性	-. 779**	1
	显著性（双尾）	. 000	
	N	15	15

注：** 在置信度（双侧）为 0. 01 时，相关性是显著的。

表 4-31　滞后二期相关系数表

		生态文明评分 2	能源消耗评分 2
生态文明评分 2	Pearson 相关性	1	-. 710**
	显著性（双尾）		. 004
	N	14	14
能源消耗评分 2	Pearson 相关性	-. 710**	1
	显著性（双尾）	. 004	
	N	14	14

注：** 在置信度（双侧）为 0. 01 时，相关性是显著的。

表 4-32　滞后三期相关系数表

		生态文明评分 3	能源消耗评分 3
生态文明评分 3	Pearson 相关性	1	-. 668**
	显著性（双层）		. 130
	N	13	13
能源消耗评分 3	Pearson 相关性	-. 668**	1
	显著性（双尾）	. 130	
	N	13	13

注：** 在置信度（双侧）为 0. 01 时，相关性是显著的。

表 4-33　滞后四期相关系数表

			生态文明评分 4	能源消耗评分 4
斯皮尔曼等级相关系数	生态文明评分 4	相关系数	1.000	-.476
		显著性（双尾）		.118
		N	12	12
	能源消耗评分 4	相关系数	-.476	1.000
		显著性（双尾）	.118	
		N	12	12

表 4-34　滞后五期相关系数表

			生态文明评分 5	能源消耗评分 5
斯皮尔曼等级相关系数	生态文明评分 5	相关系数	1.000	-.327
		显著性（双尾）		.326
		N	11	11
	能源消耗评分 5	相关系数	-.327	1.000
		显著性（双尾）	.326	
		N	11	11

表 4-35　滞后六期相关系数表

			生态文明评分 6	能源消耗评分 6
斯皮尔曼等级相关系数	生态文明评分 6	相关系数	1.000	-.212
		显著性（双尾）		.556
		N	10	10
	能源消耗评分 6	相关系数	-.212	1.000
		显著性（双尾）	.556	
		N	10	10

表 4-36　滞后七期相关系数表

			生态文明评分 7	能源消耗评分 7
斯皮尔曼等级相关系数	生态文明评分 7	相关系数	1.000	.100
		显著性（双尾）		.798
		N	9	9
	能源消耗评分 7	相关系数	-.100	1.000
		显著性（双尾）	.798	
		N	9	9

注：在置信度（双侧）为 0.01 时，相关性是显著的。

结果（表 4-30~表 4-36）显示，美国生态文明综合评分和能源消耗综合评分在滞后 7 期的相关性绝对值递减，p 值也递减，从第 4 期开始高于 $\alpha=0.05$ 的显著性水平。我们认为美国能源消耗对生态文明建设有滞后性影响，这个影响为滞后 3 年。

第五节　其他国家结果

一、其他国家生态文明以及能源消耗综合评分结果汇总

1. 英国部分

表 4-37　2001—2016 年英国生态文明综合评分表

时　间	生态文明综合得分	时　间	生态文明综合得分
2001	0.0135	2009	0.0602
2002	0.0198	2010	0.0698
2003	0.0303	2011	0.078
2004	0.0334	2012	0.0819
2005	0.0412	2013	0.0887
2006	0.0433	2014	0.1002
2007	0.0504	2015	0.1125
2008	0.058	2016	0.1189

表 4-38　2001—2016 年英国能源消耗综合评分表

时　间	能源消耗评分	时　间	能源消耗评分
2001	1. 718648	2009	1. 530033
2002	1. 667078	2010	1. 564369
2003	1. 711756	2011	1. 501388
2004	1. 711936	2012	1. 573115
2005	1. 732252	2013	1. 550661
2006	1. 757238	2014	1. 429938
2007	1. 695393	2015	1. 397053
2008	1. 652462	2016	1. 285698

2. 澳大利亚部分

表 4-39　2001—2016 年澳大利亚生态文明综合评分表

时　间	生态文明综合评分	时　间	生态文明综合评分
2001	0. 0431	2009	0. 0551
2002	0. 0394	2010	0. 0681
2003	0. 0425	2011	0. 0699
2004	0. 0495	2012	0. 0718
2005	0. 056	2013	0. 0789
2006	0. 065	2014	0. 0779
2007	0. 0653	2015	0. 0857
2008	0. 063	2016	0. 0688

表 4-40　2001—2016 年澳大利亚能源消耗综合评分表

时　间	能源消耗综合评分	时　间	能源消耗综合评分
2001	0. 034944	2009	0. 040721
2002	0. 036387	2010	0. 039332
2003	0. 035758	2011	0. 040016
2004	0. 036615	2012	0. 038962

续表

时　间	能源消耗综合评分	时　间	能源消耗综合评分
2005	0. 038173	2013	0. 03902
2006	0. 040208	2014	0. 039488
2007	0. 040092	2015	0. 040955
2008	0. 040571	2016	0. 040621

3. 日本部分

表 4-41　2001—2016 年日本生态文明综合评分表

时　间	能源消耗综合评分	时　间	能源消耗综合评分
2001	0. 0342	2009	0. 052
2002	0. 0301	2010	0. 0634
2003	0. 0345	2011	0. 0757
2004	0. 0443	2012	0. 0814
2005	0. 0512	2013	0. 0757
2006	0. 0497	2014	0. 0911
2007	0. 0534	2015	0. 0903
2008	0. 0682	2016	0. 1048

表 4-42　2001—2016 年日本能源消耗综合评分表

时　间	能源消耗综合评分	时　间	能源消耗综合评分
2001	2. 713946	2009	2. 474258
2002	2. 721583	2010	2. 642357
2003	2. 781874	2011	2. 554773
2004	2. 836785	2012	2. 63933
2005	2. 86558	2013	2. 645831
2006	2. 778689	2014	2. 580321
2007	2. 781351	2015	2. 548631
2008	2. 751202	2016	2. 535523

4. 法国部分

表 4-43　2001—2016 年法国生态文明综合评分表

时 间	生态文明综合得分	时 间	生态文明综合评分
2001	0.0284	2009	0.0736
2002	0.0271	2010	0.0768
2003	0.0485	2011	0.0737
2004	0.0463	2012	0.0764
2005	0.0466	2013	0.0846
2006	0.0513	2014	0.0807
2007	0.0602	2015	0.0792
2008	0.07	2016	0.0765

表 4-44　2001—2016 年法国能源消耗综合评分表

时　间	能源消耗综合评分	时　间	能源消耗综合评分
2001	0.701568	2009	0.649476
2002	0.690088	2010	0.678721
2003	0.701833	2011	0.645655
2004	0.708016	2012	0.653699
2005	0.703923	2013	0.653096
2006	0.694171	2014	0.621454
2007	0.689067	2015	0.617436
2008	0.687227	2016	0.610324

以上结果均以标准化处理后的数据为基础，并利用编写好的熵值法及层次分析法 MATLAB 程序计算得出。

二、相关性分析

以下是英国、澳大利亚、日本和法国四国生态文明综合评分以及能源消耗相关系数计算结果。

表 4-45　英国生态文明综合评分以及能源消耗相关系数表

		生态文明综合评分	能源消耗综合评分
生态文明综合评分	Pearson 相关性 显著性（双尾） N	1 16	-.909 * * .000 16
能源消耗综合评分	Pearson 相关性 显著性（双尾） N	-.909 * * .000 16	1 16

注：* * 在置信度（双侧）为 0.01 时，相关性是显著的。

表 4-46　澳大利亚生态文明综合评分以及能源消耗相关系数表

		生态文明综合评分	能源消耗综合评分
生态文明综合评分	Pearson 相关性 显著性（双尾） N	1 16	-.770 * * .000 16
能源消耗综合评分	Pearson 相关性 显著性（双尾） N	-.770 * * .000 16	1 16

注：* * 在置信度（双侧）为 0.01 时，相关性是显著的。

表 4-47　日本生态文明综合评分以及能源消耗相关系数表

		生态文明综合评分	能源消耗综合评分
生态文明综合评分	Pearson 相关性 显著性（双尾） N	1 16	-.509 * * .044 16
能源消耗综合评分	Pearson 相关性 显著性（双尾） N	-.509 * * .044 16	1 16

注：* * 在置信度（双侧）为 0.01 时，相关性是显著的。

表 4-48 法国生态文明综合评分以及能源消耗相关系数表

		生态文明综合评分	能源消耗综合评分
生态文明综合评分	Pearson 相关性	1	-.766**
	显著性（双尾）		.001
	N	16	16
能源消耗综合评分	Pearson 相关性	-.766**	1
	显著性（双尾）	.001	
	N	16	16

注：** 在置信度（双侧）为 0.01 时，相关性是显著的。

由表 4-45 至表 4-48 可知，英国、澳大利亚、日本、法国四个国家生态文明综合评分以及能源消耗综合评分的 Pearson 相关系数（p 值）分别为-0.909（0.000）、0.770（0.000）、-0.509（0.044）以及-0.766（0.001），其中，相关性比较强的有英国、澳大利亚和法国，正相关的只有澳大利亚，负相关的有英国、日本和法国；而显著性方面，四个国家都通过了 0.05 水平的显著性检验。因此，结合美国的相关结果，我们认为能源消耗与生态文明建设是有显著关系的。

三、时间序列分析

1. 英国部分

表 4-49 2017—2021 年英国生态文明综合评分时间序列模型预测结果表

模型		2017	2018	2019	2020	2021
生态文明评分-模型_ 1	预测	.1256	.1323	.1390	.1458	.1525
	UCL	.1353	.1415	.1501	.1584	.1665
	LCL	.1188	.1231	.1280	.1331	.1384

注：对于每个模型，预测开始于所求估计期范围的最后一个非缺失值，结束于所有可用预测变量非缺失值的最后一个周期，或者结束于所求预测期的结束日期，取两者中较早的一个。

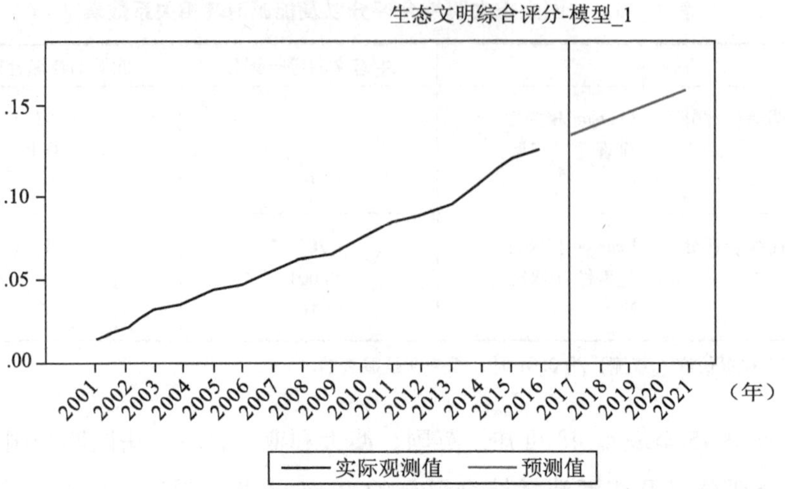

图 4-7　2001—2021 年英国生态文明综合评分时间序列模型预测结果折线图

表 4-50　2017—2021 年英国能源消耗综合评分时间序列模型预测结果表

模型		2017	2018	2019	2020	2021
生态文明评分-模型_ 1	预测	1. 2687	1. 2431	1. 2174	1. 1917	1. 1660
	UCL	1. 3997	1. 4193	1. 4294	1. 4343	1. 1436
	LCL	1. 1377	1. 0668	1. 0053	. 9491	. 8962

注：对于每个模型，预测开始于所求估计期范围的最后一个非缺失值，结束于所有可用预测变量非缺失值的最后一个周期，或者结束于所求预测期的结束日期，取两者中较早的一个。

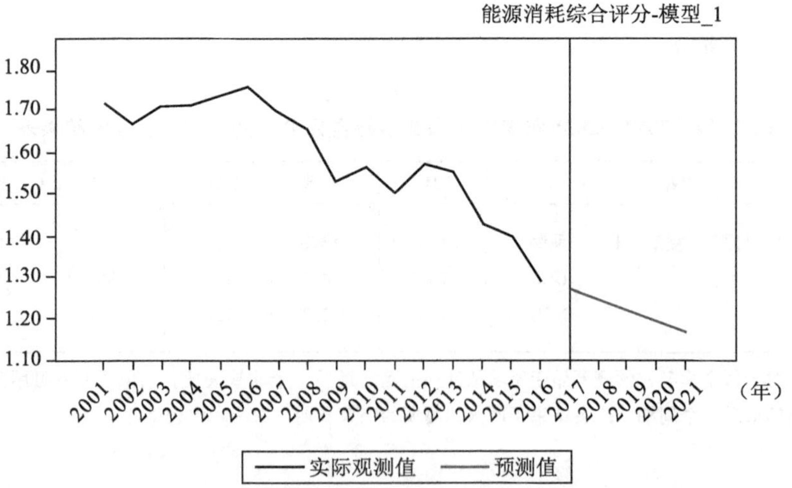

图 4-8　2001—2021 年英国能源消耗综合评分时间序列模型预测结果折线图

由表4-49可知，英国生态文明综合评分在未来五年内预计上升到0.1525分，比2016年上升28.26%；由表4-50可知，能源消耗综合评分在未来五年内预计下降到1.166分，比2016年下降9.31%。两者未来短期内仍为负相关，而且生态文明建设的优化要比能源消耗的改变效率高。说明英国近年来除了在能源消耗上做出调整外，还很有可能在经济、文化、生态、科教等方面做好了生态文明建设。这是一个比较理想而且有参考价值的预期。

2. 澳大利亚部分

表4-51　2017—2021年澳大利亚生态文明综合评分时间序列模型预测结果表

模型		2017	2018	2019	2020	2021
生态文明评分-模型_ 1	预测	.0839	.0865	.0891	.0917	.0944
	UCL	.0980	.1009	.1037	.1066	.1094
	LCL	.0698	.0721	.0745	.0769	.0793

注：对于每个模型，预测开始于所求估计期范围的最后一个非缺失值，结束于所有可用预测变量非缺失值的最后一个周期，或者结束于所求预测期的结束日期，取两者中较早的一个。

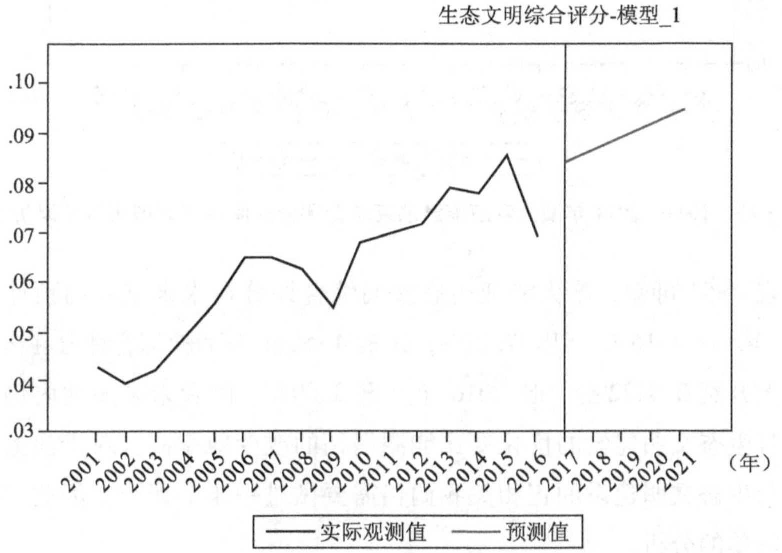

图4-9　2001—2021年澳大利亚生态文明综合评分时间序列模型预测结果折线图

表 4-52　2017—2021 年澳大利亚能源消耗综合评分时间序列模型预测结果表

模型		2017	2018	2019	2020	2021
生态文明评分-模型_ 1	预测	.0409	.0412	.0415	.0419	.0422
	UCL	.0431	.0443	.0453	.0461	.0469
	LCL	.0388	.0382	.0378	.0376	.0374

对于每个模型，预测开始于所求估计期范围的最后一个非缺失值，结束于所有可用预测变量非缺失值的最后一个周期，或者结束于所求预测期的结束日期，取两者中较早的一个。

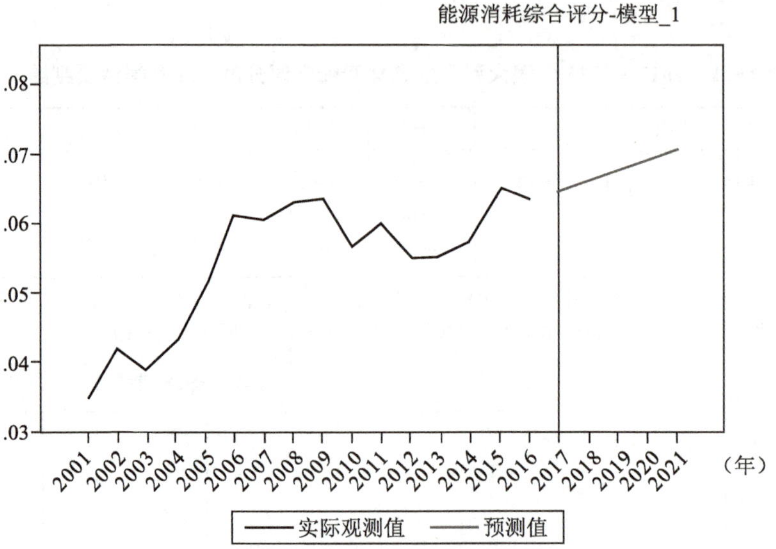

图 4-10　2001—2021 年澳大利亚能源消耗综合评分时间序列模型预测结果折线图

由表 4-51 可知，澳大利亚生态文明综合评分在未来五年内预计上升到 0.0944 分，比 2016 年上升 37.21%；由表 4-52 能源消耗综合评分在未来五年内预计上升到 0.0422 分，比 2016 年上升 3.89%。两者未来短期内仍为正相关，而且生态文明建设的优化要比能源消耗的改变效率高。对于澳大利亚能源消耗与生态文明建设的正相关我们仍需要做进一步的研究，因此下文会对此进行简单的分析。

3. 日本部分

表 4-53　2017—2021 年日本生态文明综合评分时间序列模型预测结果表

模型		2017	2018	2019	2020	2021
生态文明评分-模型_ 1	预测	. 1016	. 1062	. 1107	. 1153	. 1198
	UCL	. 1150	. 1196	. 1242	. 1288	. 1334
	LCL	. 0882	. 0927	. 0972	. 1017	. 1062

注：对于每个模型，预测开始于所求估计期范围的最后一个非缺失值，结束于所有可用预测变量非缺失值的最后一个周期，或者结束于所求预测期的结束日期，取两者中较早的一个。

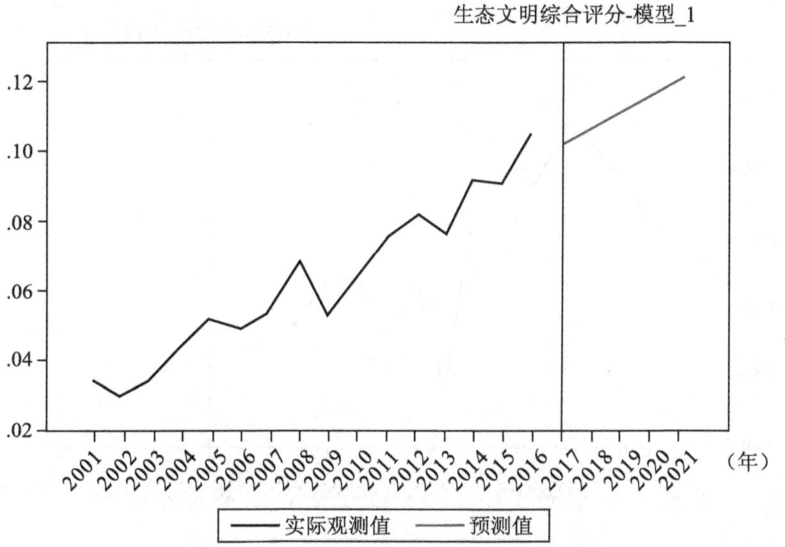

图 4-11　2001—2021 年日本生态文明综合评分时间序列模型预测结果折线图

表 4-54　2017—2021 年日本能源消耗综合评分时间序列模型预测结果表

模型		2017	2018	2019	2020	2021
生态文明评分-模型_ 1	预测	2. 5352	2. 8172	2. 4991	2. 4811	2. 4631
	UCL	2. 7155	2. 6975	2. 6794	2. 6614	2. 6434
	LCL	2. 3549	2. 3369	2. 3188	2. 3008	2. 2828

注：对于每个模型，预测开始于所求估计期范围的最后一个非缺失值，结束于所有可用预测变量非缺失值的最后一个周期，或者结束于所求预测期的结束日期，取两者中较早的一个。

由表 4-53 可知，日本生态文明综合评分在未来五年内预计上升到 0. 1198

分，比 2016 年上升 14.31%；由表 4-54 可知，能源消耗综合评分在未来五年内预计下降到 2.4631 分，比 2016 年下降 3.62%。两者未来短期内为正相关，而且生态文明建设的优化要比能源消耗的改变效率高。日本城市环境问题比较严重，尤其是北九州成为工业化城市之后。但是日本政府早在 20 世纪 60 年代就推行如《环境污染控制基本法》《公害对策基本法》《污染物处理法》等生态文明建设政策。近年来，由于核事故对生态文明的影响，当局更是及时调整了能源消费结构，利用环境整治技术使生态环境维持在比较高的水平，并预计能得到持续优化。

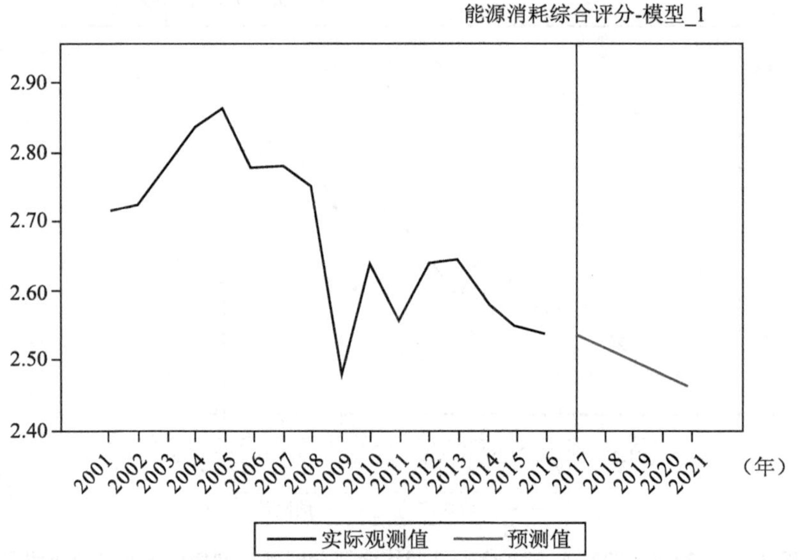

图 4-12　2001—2021 年日本能源消耗综合评分时间序列模型预测结果折线图

4. 法国部分

表 4-55　2017—2021 年法国生态文明综合评分时间序列模型预测结果表

模型		2017	2018	2019	2020	2021
生态文明评分-模型_ 1	预测	.0780	.0755	.0730	.0705	.0680
	UCL	.0918	.0912	.0921	.0946	.0982
	LCL	.0641	.0598	.0539	.0464	.0378

注：对于每个模型，预测开始于所求估计期范围的最后一个非缺失值，结束于所有可用预测变量非缺失值的最后一个周期，或者结束于所求预测期的结束日期，取两者中较早的一个。

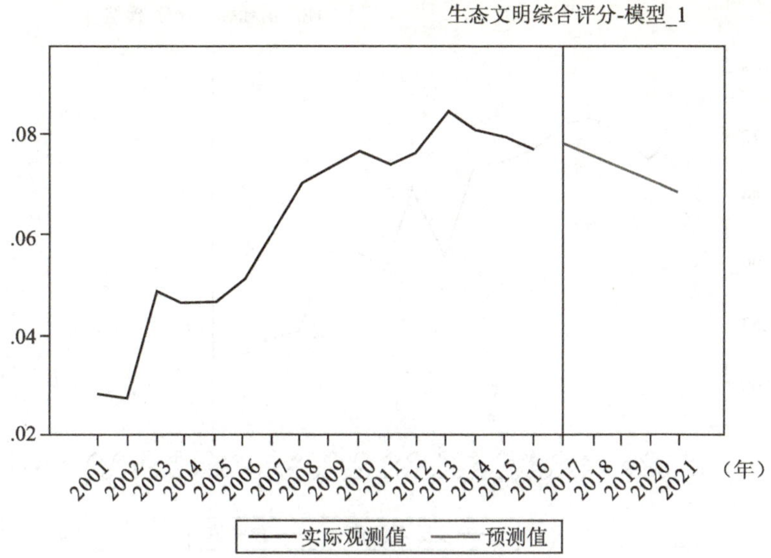

图 4-13　2001—2021 年法国生态文明综合评分时间序列模型预测结果折线图

表 4-56　2017—2021 年法国能源消耗综合评分时间序列模型预测结果表

模型		2017	2018	2019	2020	2021
生态文明评分-模型_ 1	预测	. 6138	. 6074	. 6010	. 5946	. 5882
	UCL	. 6443	. 6380	. 6318	. 6255	. 6193
	LCL	. 5833	. 5767	. 5702	. 5636	. 5571

注：对于每个模型，预测开始于所求估计期范围的最后一个非缺失值，结束于所有可用预测变量非缺失值的最后一个周期，或者结束于所求预测期的结束日期，取两者中较早的一个。

由表 4-55 可知，法国生态文明综合评分在未来五年内预计下降到 0. 068 分，比 2016 年下降 11. 11%；由表 4-26 可知，能源消耗综合评分在未来五年内预计下降到 0. 5882 分，比 2016 年下降 9. 31%。两者未来短期内仍为负相关，而且生态文明建设的优化要比能源消耗的改变效率高，可以观察到法国生态文明建设水平在近几年有所下降。此外，法国有效实施环境税，尤其以能源税为重心连续限制能源消耗水平的上升。

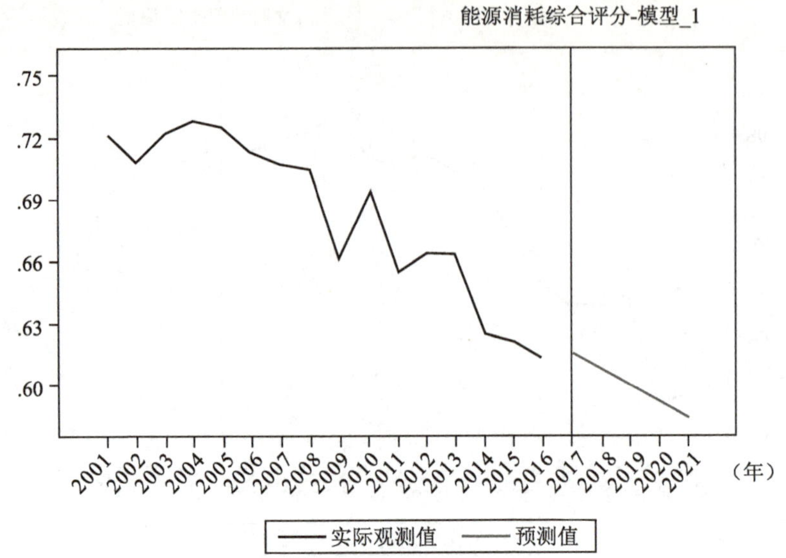

图 4-14　2001—2021 年法国能源消耗综合评分时间序列模型预测结果折线图

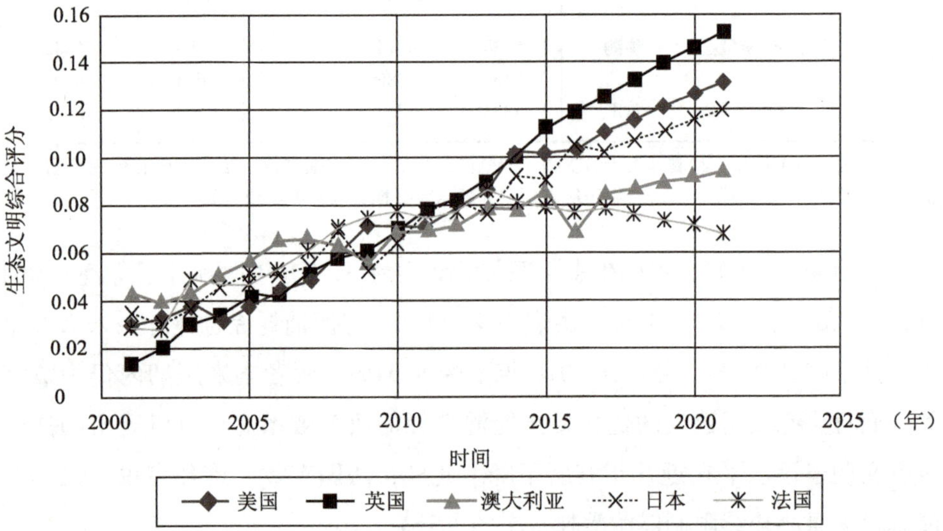

图 4-15　2000—2025 年五国生态文明综合评分趋势图（含预测期）

由图 4-15 我们可以观察到，2001—2016 年共 16 年的观察期内，五个国家生态文明综合评分的变化趋势比较接近，它们都以直线趋势向上增长；预测期（五年）后，英国的生态文明综合评分将会领先，随后依次是美国、日本和法国。而且除法国以外的四个国家均继续保持增长的趋势。

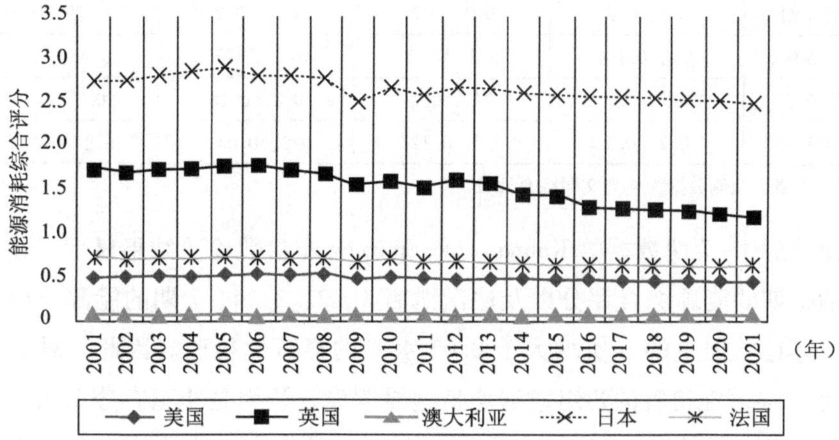

图 4-16　2001—2021 年五国能源消耗综合评分趋势图（含预测期）

由图 4-16 我们可以观察到，虽然美国能源消耗总量是最大的，但其每万平方公里的能源消耗实际上相比其他四个国家并不高，日本的能源消耗综合评分甚至是美国的 5~6 倍左右，英国则为美国的 3 倍左右，法国与美国水平接近，而澳大利亚则为美国的 1/10 左右。总的来说，五个国家能源消耗水平除了澳大利亚以外均有下降的趋势，而且预测期最后一期比 2016 年均有 10% 以下的下降趋势。

四、滞后分析

英国、澳大利亚、日本和法国各个滞后期正态性分析结果如表 4-57 所示。

表 4-57　四国各个滞后期变量正态性的 p 值表

	英　国	澳大利亚	日　本	法　国
滞后 1 期	0.2，0.2	0.2，0.073	0.2，0.2	0.029，0.064
滞后 2 期	0.2，0.2	0.2，0.065	0.2，0.2	0.025，0.069

续表

	英 国	澳大利亚	日 本	法 国
滞后 3 期	0.2，0.2	0.2，0.144	0.2，0.2	0.022，0.091
滞后 4 期	0.2，0.2	0.2，0.2	0.2，0.2	0.025，0.075
滞后 5 期	0.2，0.191	0.2，0.13	0.2，0.179	0.49，0.066
滞后 6 期	0.2，0.2	0.2，0.2	0.2，0.16	0.2，0.161
滞后 7 期	0.2，0.2	0.2，0.128	0.2，0.04*	0.2，0.031*

注：表格中左侧数据为生态文明综合评分。

由滞后 1~7 期数据的 Kolmogorov-Smirnov 非参数检验结果显示，除了日本滞后 7 期的能源综合评分以及法国滞后 1、2、3、4、7 期的能源综合评分之外，其他数据组的 p 值均大于 0.05 水平的显著性检验。因此，对于小于 0.05 水平显著性检验的两组数据均拒绝原假设，认为是非正态分布的，使用 Spearman 相关性检验；对于大于 0.05 水平的显著性检验的其他数据均使用 Pearson 相关性检验。

此外，我们还需要对四个国家生态文明综合评分以及能源消耗综合评分滞后 1~7 期的数据分别进行一元线性回归分析，以检验它们的线性关系，以下是方差分析检验结果（表 4-58）。

表 4-58 四国各个滞后期变量线性方差检验的 p 值表

	英 国	澳大利亚	日 本	法 国
滞后 1 期	0.000	0.005	0.011	0.001
滞后 2 期	0.000	0.017	0.012	0.004
滞后 3 期	0.001	0.057	0.025	0.022
滞后 4 期	0.002	0.012	0.069	0.057
滞后 5 期	0.003	0.018	0.023	0.229
滞后 6 期	0.014	0.002	0.182	0.285
滞后 7 期	0.089	0.024	0.248	0.648

上述结果（表 4-58）显示，除了英国滞后 7 期，澳大利亚滞后 3 期，日本滞后 4、6、7 期，法国滞后 5、6、7 期以外，其他变量组一元线性回归的方差分析的 p 值均通过 0.05 的显著性水平，认为存在线性关系。

综合 Pearson 和 Spearman 相关性检验的基本条件以及相关的检验结果，我们发现可以作 Spearman 检验的变量组有：英国滞后 7 期，澳大利亚滞后 3 期，日本滞后 4、6、7 期，法国滞后 1、2、3、4、5、6、7 期变量组；其余变量组均做 Pearson 相关性检验。

以下为四个国家的生态文明综合评分以及能源消耗综合评分滞后 1~7 期的相关性检验结果（表 4-59）。

表 4-59　四国各个滞后期变量相关系数及 p 值表

	英　国	澳大利亚	日　本	法　国
滞后 1 期	-0.898* (0.000)	0.680* (0.005)	-0.635* (0.011)	-0.843* (0.000)
滞后 2 期	-0.855* (0.000)	0.622* (0.017)	-0.649* (0.012)	-0.785* (0.001)
滞后 3 期	-0.807* (0.001)	0.473 (0.103)	-0.615* (0.025)	-0.747* (0.003)
滞后 4 期	-0.795* (0.002)	0.694* (0.012)	-0.497 (0.100)	-0.741* (0.006)
滞后 5 期	-0.799* (0.003)	0.693* (0.018)	-0.675* (0.023)	-0.564 (0.071)
滞后 6 期	-0.742* (0.014)	0.838* (0.002)	-0.480 (0.192)	-0.467 (0.174)
滞后 7 期	-0.433 (0.244)	0.734* (0.024)	-0.075 (0.847)	-0.367 (0.332)

注：* 拟合优度。

以上结果（表 4-59）显示，英国滞后 1 期~7 期共 7 期两组数据的相关性绝对值呈递减趋势（且均低于原变量组-0.909（0.000）的相关性水平），滞后 1 期~6 期系数的 p 值均通过 0.05 的显著性水平检验，而到第 7 期则没能通过 0.05 显著性水平。我们认为，英国能源消耗对生态文明建设有明显的滞后性，滞后期为 6 期，而且能源消耗与生态文明建设的相关性递减。

澳大利亚滞后 1 期~7 期共 7 期中，相关性的绝对值呈平稳递增的变化趋势（均低于原变量 0.770（0.000）的相关性水平），两组数据的相关性绝对值在滞后 6 期相关性最强，相关系数为 0.838（0.002），显著性水平除了滞后 3 期外，滞后 1~7 期都通过了显著性水平。我们认为，澳大利亚能源消耗对生态文明建设有明显的滞后性，滞后期可能为 3 期，而且能源消耗与生态文明建设的相关性平稳递增。

日本滞后 1 期~7 期共 7 期中相关性绝对值呈递减的趋势，在滞后 4 期相关性最强，相关系数为-0.637（0.008），显著性水平除了滞后4、6、7期外，其余各期都通过了显著性水平。我们认为，日本能源消耗对生态文明建设有明显的滞后性，滞后期可能为3期或5期，而且能源消耗与生态文明建设的相关性平稳递减。

法国滞后1期到7期共7期中，相关性的绝对值呈平稳递减的变化，两组数据的相关性绝对值在滞后1期相关性最强，相关系数为-0.843（0.000），显著性水平除了滞后5、6、7期外，其余各期都通过了显著性水平。我们认为，法国能源消耗对生态文明建设有明显的滞后性，滞后期可能为4期，而且能源消耗与生态文明建设的相关性平稳递减。

综上，我们认为，发达国家能源消耗与生态文明之间的相互影响具有滞后性，滞后期为3期到6期。即能源消耗与生态文明之间的相互影响会有一定的滞后性，滞后影响年限为3~6年。此外，我们认为，英国、日本、法国能源消耗和生态文明为反向相关，是合理的，而澳大利亚能源消耗和生态文明为正向相关，是不合理的。

五、发达国家生态文明综合评分以及能源消耗综合评分相关性探讨

为了分析影响发达国家生态文明综合评分以及能源消耗综合评分相关性（下文简称为“相关性”）的影响因素，本书进行了多个角度的考虑。

1. 产业结构对相关性影响的估计

我们计算了五个国家第三产业占比2001—2016年的平均值。对于平均值超过70.05%的国家（美国、英国、日本、法国），它们的生态文明综合评分以及能源消耗综合评分的相关系数为负（能源消耗程度与生态文明建设反向相关），而且我们发现第三产业占比的平均值越大，两者的相关系数绝对值越大；而只有澳大利亚第三产业占比的平均值为70.05%水平时，其相关系数为正，说明相关性与第三产业占比有关系。

2. 国民生产总值对相关性影响的估计

我们计算了每美元GDP二氧化碳排量2001—2016年的平均值（表4-60）。

我们发现，平均值低于 5.09（或 3.67）亿美元的四个国家（美国、英国、日本、法国），它们的生态文明综合评分以及能源消耗综合评分的相关系数为负（能源消耗程度与生态文明建设反向相关），相反，当平均值高于 3.67（或 5.09）亿美元时（澳大利亚），生态文明综合评分以及能源消耗综合评分的相关系数为正（能源消耗程度与生态文明建设正向相关）。此外，我们计算了 GDP 环比增速 2001—2016 年的平均值，发现美国、英国、日本和法国 GDP 环比增速平均值都在 8.29%（或 4.43%）水平以下，而澳大利亚的 GDP 环比增速为 8.29%。因此，我们认为 GDP 环比增速平均值与相关系数也有关系。

表 4-60　五国相关指标

	美　国	英　国	澳大利亚	日　本	法　国
相关系数	-0.861	-0.909	0.77	-0.520	-0.766
第三产业比值（%）	77.67	78.12	70.05	72.68	77.09
每美元 GDP 二氧化碳排量（千克/美元）	0.40	0.23	5.09	3.67	1.58
GDP 环比增速（%）	3.58	4.43	8.29	1.19	4.08

3. 能源结构对相关性影响的估计

我们分别计算了煤炭、石油、天然气、核电、其他可再生能源、水力能六个项目 2001—2016 年消耗量占当年所有能源消耗量的比例，然后取 16 年的平均值，算出六项能源消耗量平均占比。计算结果发现有两个值得关注的点：美国、英国、日本、法国煤炭消耗量平均占比在 39.27%以下，而澳大利亚煤炭消耗量平均占比在 39.27%水平；由于澳大利亚不发展核能，核电的消耗量占比为 0%，这与其他四个国家不一样。

从数据相关性的角度考虑，表 4-61 中我们发现煤炭以及核能的比例与相关系数有相近的趋势，因此初步估计：煤炭和核电的比例与生态文明建设以及能源消耗的相关性可能有关系。我们将表 4-61 中的“相关系数”与其他能源结构作 Pearson 相关性分析，我们发现，煤炭以及核能比例与“相关系数”的相关性最高，分别为 0.822 和-0.46。天然气、核能等比例与“相关系数”的相关性不大。因此，我们认为，除了煤炭比例与核能比例外，其他的能源消耗比例的变化可能对生态文明建设以及能源消耗的相关性影响不大。

表 4-61　五国能源结构（平均值）比较表

国　家	相关系数	煤炭比例	石油比例	天然气比例	核电比例	其他可再生能源比例	水力能源比例
美国	-0. 861	0. 221524	0. 381926	0. 270922	0. 082075	0. 016998	0. 026556
英国	-0. 909	0. 15825	0. 360797	0. 366233	0. 078339	0. 03089	0. 005492
澳大利亚	0. 77	0. 392677	0. 347198	0. 214446	0	0. 017634	0. 028045
日本	-0. 52	0. 234862	0. 447173	0. 174209	0. 089112	0. 016378	0. 038266
法国	-0. 766	0. 044445	0. 34879	0. 150799	0. 389026	0. 013403	0. 053537

六、不同人均 GDP 历史均值下能源结构对生态文明建设的影响

本书把五个国家按照国民生产总值进行划分：平均水平在 40000 亿美元以上的为三级 GDP 水平，平均水平在 30000 亿~40000 亿美元的为二级 GDP 水平，平均水平在 30000 亿美元以下的为一级 GDP 水平。

我们可以把五个国家分别归类在这三个等级上：美国、澳大利亚为三级 GDP 水平；日本、法国为二级 GDP 水平；英国为一级 GDP 水平。我们根据 16 年间不同的能源结构以及生态文明综合评分构建多元线性回归模型。其中，三级 GDP 水平使用美国和澳大利亚能源结构的均值与生态文明综合评分，2001—2016 年的数据进行回归，如表 4-62 所示。而二级 GDP 水平则利用日本、法国的能源结构的均值和生态文明综合评分进行回归，如表 4-67 所示。

1. 三级 GDP 水平回归模型

表 4-62　美国、澳大利亚生态文明综合评分及能源结构（均值）对比表

时间	生态文明综合评分	煤炭占比（%）	石油占比（%）	天然气占比（%）
2001	0. 03615	0. 339878	0. 370505	0. 216425
2002	0. 0359	0. 344203	0. 362434	0. 217857
2003	0. 0402	0. 34088	0. 36808	0. 214398

续表

时间	生态文明综合评分	煤炭占比（%）	石油占比（%）	天然气占比（%）
2004	0. 0405	0. 341087	0. 370683	0. 21191
2005	0. 0465	0. 346739	0. 371527	0. 204452
2006	0. 05445	0. 34389	0. 367904	0. 209879
2007	0. 0569	0. 334325	0. 364186	0. 225715
2008	0. 0611	0. 336014	0. 358373	0. 228005
2009	0. 0629	0. 324912	0. 356313	0. 235873
2010	0. 0685	0. 309949	0. 360172	0. 246074
2011	0. 06965	0. 292285	0. 360051	0. 254048
2012	0. 07645	0. 274101	0. 364993	0. 266699
2013	0. 08185	0. 263842	0. 367001	0. 270563
2014	0. 0894	0. 259276	0. 364178	0. 279818
2015	0. 0936	0. 245068	0. 360977	0. 295213
2016	0. 08595	0. 237485	0. 362969	0. 291536

时间	核电占比（%）	其他可再生能源占比（%）	水力能占比（%）
2001	0. 040522	0. 005436	0. 027235
2002	0. 040476	0. 006091	0. 028939
2003	0. 039513	0. 007052	0. 030077
2004	0. 039979	0. 007646	0. 028695
2005	0. 039606	0. 009419	0. 028258
2006	0. 040184	0. 010453	0. 02769
2007	0. 04047	0. 011541	0. 023764
2008	0. 041372	0. 013077	0. 023158
2009	0. 043119	0. 01431	0. 025473
2010	0. 042051	0. 016497	0. 025257
2011	0. 041549	0. 019216	0. 032851
2012	0. 041446	0. 023339	0. 029422
2013	0. 041359	0. 027343	0. 029892
2014	0. 041307	0. 030078	0. 025342
2015	0. 041688	0. 03301	0. 024044
2016	0. 042168	0. 037988	0. 027853

表 4-63　各个模型逐步进入法下变量输入/移除[a] 表（三级 GDP 水平模型）

模型	已输入变量	已除去变量	方法
1	其他可再生能源占比		步进（准则：F-to-enter 的概率≤.050，F-to-remove 的概率≥.100）。

注：a. 因变量：生态文明综合评分变化率。

利用计算机软件构建了三个模型，并对模型进行了描述，如表 4-63 至表 4-66 所示。

表 4-64　各个模型的可决系数结果（三级 GDP 水平模型）

模型	R	R^2	调整后的 R^2	标准估算的错误
1	.954[a]	.910	.903	.00602

注：a. 预测变量：（常量），其他可再生能源占比。

表 4-65　模型的方差分析结果（三级 GDP 水平模型）

ANOVA[a]

模型		平方和	自由度	均方	F	显著性
1	回归	.005	1	.005	141.299	.000[b]
	残差	.001	14	.000		
	总计	.006	15			

a. 因变量：生态文明综合评分；
b. 预测变量：（常量），其他可再生能源占比。

表 4-66　模型的参数结果（三级 GDP 水平模型）

系数[a]

模型		非标准化系数		标准系数	t	显著性
		B	标准错误	贝塔		
1	（常量）	.032	.003		10.834	.000
	其他可再生能源占比	1.783	.150	.954	11.887	.000

注：a. 因变量：生态文明综合评分。

GDP 平均水平在三级状态下能源结构与生态文明综合评分的回归模型：

$$\hat{B} = 0.032 + 1.783x$$

$$(10.834) \quad (11.887)$$

$$(0.000) \quad (0.000)$$

其中：

$\hat{B}$ 为生态文明综合评分的估计值，x 分别为其他可再生能源消耗量占该年能源总消耗量的比例。

我们可以估计，在三级人均 GDP 水平下调整其他可再生能源消耗比例对生态文明建设的边际贡献是最有效的，而且每提高 1 个单位的可再生能源消耗比例会带来 1.783 单位的生态文明综合评分的增加。因此，三级 GDP 模型下，调整能源结构的最佳方案应该为：重点提高其他可再生能源消耗的比例。

2. 二级 GDP 水平回归模型

表 4-67　2001—2016 年日本、法国生态文明综合评分（均值）及能源结构（均值）对比表

时间	生态文明综合评分	煤炭占比（%）	石油占比（%）	天然气占比（%）
2001	0.0313	0.124077	0.427424	0.138041
2002	0.0286	0.128856	0.421927	0.135437
2003	0.0415	0.135704	0.423101	0.144858
2004	0.0453	0.140239	0.408865	0.143248
2005	0.0489	0.14071	0.410108	0.142819
2006	0.0505	0.131211	0.407383	0.145427
2007	0.0568	0.138167	0.400735	0.153063
2008	0.0691	0.142047	0.39351	0.159871
2009	0.0628	0.12869	0.393058	0.161784
2010	0.0701	0.139124	0.374543	0.168252
2011	0.0747	0.136625	0.387115	0.176275
2012	0.0789	0.146985	0.399001	0.190243

续表

	生态文明综合评分	煤炭占比（%）	石油占比（%）	天然气占比（%）
2013	0.08015	0.154234	0.384955	0.191639
2014	0.0859	0.149704	0.383901	0.185277
2015	0.08475	0.151946	0.373649	0.187503
2016	0.09065	0.152239	0.368944	0.19359

	核电占比（%）	其他可再生能源占比（%）	水力能占比（%）
2001	0.254896	0.004586	0.050977
2002	0.262805	0.005294	0.045681
2003	0.243236	0.006442	0.046658
2004	0.25474	0.007079	0.045829
2005	0.258537	0.00828	0.039546
2006	0.262886	0.009038	0.044056
2007	0.255003	0.010391	0.042641
2008	0.249514	0.011185	0.043874
2009	0.259362	0.012989	0.044117
2010	0.256068	0.013499	0.048514
2011	0.242247	0.016385	0.041353
2012	0.198655	0.019379	0.045737
2013	0.196379	0.021707	0.051086
2014	0.205229	0.026564	0.049325
2015	0.206987	0.033027	0.046887
2016	0.197794	0.038493	0.04894

利用计算机软件，对模型进行描述，如表 4-68 至表 4-71 所示。

表 4-68　各个模型逐步进入法下变量输入/移除[a] 表（二级人均 GDP 水平模型）

模型	已输入变量	已除去变量	方法
1	天然气占比		步进（准则：F-to-enter 的概率≤.050，F-to-remove 的概率≥.100）

续表

模型	已输入变量	已除去变量	方法
2	石油占比		步进（准则：F-to-enter 的概率≤.050，F-to-remove 的概率≥.100）
3	水力能源占比		

注：a. 因变量：生态文明综合评分变化率。

表 4-69　各个模型的可决系数结果（二级人均 GDP 水平模型）

模型	R	R^2	调整后的 R^2	标准估算的错误
1	.960[a]	.921	.915	.00576
2	.982[b]	.964	.958	.00405
3	.987[c]	.974	.968	.00356

注：a. 预测变量：（常量），天然气占比；
b. 预测变量：（常量），天然气、石油占比；
c. 预测变量：（常量），天然气、石油、水力能占比。

表 4-70　各个模型的方差分析结果（二级 GDP 水平模型）

ANOVA[a]

模型		平方和	自由度	均方	F	显著性
1	回归	.005	1	.005	163.199	
	残差	.000	14	.000		.000[b]
	统计	.006	15			
2	回归	.006	2	.003	173.114	
	残差	.000	13	.000		.000[c]
	统计	.006	15			
3	回归	.006	3	.002	151.048	
	残差	.000	12	.000		.000[d]
	统计	.006	15			

注：a. 因变量；
b. 预测变量：（常量），天然气占比；
c. 预测变量：（常量），天然气、石油占比；
d. 预测变量：（常量），天然气、石油、水力能占比。

表 4-71 各个模型的参数结果（二级 GDP 水平模型）

系数[a]

模型		非标准化系数		标准系数	t	显著性
		B	标准错误	贝塔		
1	（常量）	-.084	.012		-7.284	.000
	天然气占比	.898	.070	.960	12.775	.000
2	（常量）	.136	.057		2.392	.033
	天然气占比	.588	.093	.629	6.312	.000
	石油占比	-.426	.109	-.391	-3.922	.002
3	（常量）	.136	.050		2.730	.018
	天然气占比	.658	.088	.703	7.492	.000
	石油占比	-.379	.098	-.347	-3.873	.002
	水力能占比	-.665	.303	-.111	-2.198	.048

注：a. 因变量：生态文明综合评分变化率。

GDP 平均水平在二级状态下能源结构与生态文明综合评分的回归模型：

$$\hat{B} = 0.136 + 0.658x_1 - 0.379x_2 - 0.665x_3$$

$$(8.819) \quad (4.360) \quad (-6.330) \quad (-4.106)$$

$$(0.000) \quad (0.001) \quad (0.000) \quad (0.002)$$

其中：

$\hat{B}$ 为生态文明综合评分的估计值，x_1，x_2，x_3 分别为天然气消耗量、石油消耗量、水力能消耗量的比例。

我们可以估计，在二级 GDP 水平下调整石油消耗量比例对生态文明建设的边际贡献是最低的，然后是天然气的比例，而调整水力能的边际贡献是最大的。其中，调整天然气消耗量比例对生态文明建设的贡献是正向的，每增加一单位其他可再生能源消耗比例，将带来 0.658 比例生态文明综合评分的增加；而调整石油消耗量比例、水力能消耗量比例以及核电消耗量比例对生态文明建设的贡献是负向的。每增加一单位石油消耗比例，带来 0.379 比例生态文明综合评分的减少，每增加一单位水力能能源消耗比例，带来 0.665 比例生态文明综合评分的减少。因此，二级 GDP 模型下，最佳调整方法为：适当降低石油及水力能能源消耗比例，提高天然气能源消耗比例。

3. 一级 GDP 水平回归模型

表 4-72　2001—2016 年英国生态文明综合评分及能源结构对比表

时间	生态文明综合评分	煤　炭	石　油	天然气
2001	0.0135	0.171603	0.344027	0.382467
2002	0.0198	0.160912	0.350685	0.385828
2003	0.0303	0.168588	0.348928	0.379655
2004	0.0334	0.161555	0.356763	0.387115
2005	0.0412	0.164012	0.36247	0.374948
2006	0.0433	0.180698	0.366586	0.358303
2007	0.0504	0.175107	0.365642	0.373471
2008	0.058	0.165092	0.365052	0.391863
2009	0.0602	0.146178	0.368288	0.381333
2010	0.0698	0.147368	0.354252	0.403474
2011	0.078	0.158691	0.367763	0.355286
2012	0.0819	0.194165	0.349299	0.331076
2013	0.0887	0.18384	0.347067	0.328215
2014	0.1002	0.158186	0.36832	0.319568
2015	0.1125	0.120593	0.37554	0.321406
2016	0.1189	0.058514	0.388795	0.367042

	核电	其他可再生能源	水力能
2001	0.089992	0.00794	0.00397
2002	0.089696	0.008564	0.004314
2003	0.08894	0.00885	0.005038
2004	0.079895	0.00927	0.005403
2005	0.081129	0.01184	0.0056
2006	0.075549	0.013696	0.005168
2007	0.065209	0.015048	0.005522
2008	0.055185	0.017622	0.005185
2009	0.076267	0.022	0.005935
2010	0.067246	0.023846	0.003815
2011	0.07884	0.03285	0.00657

续表

	核电	其他可再生能源	水力能
2012	0.07916	0.040327	0.005974
2013	0.079931	0.055452	0.005495
2014	0.076696	0.070305	0.006924
2015	0.083366	0.091755	0.00734
2016	0.086175	0.09309	0.006383

我们根据表4-72构建模型，并对模型进行描述，如表4-73至表4-76所示。

表4-73 各个模型逐步进入法下变量输入/移除表（一级GDP水平模型）

已输入/除去变量[a]

模型	已输入变量	已除去变量	方法
1	其他可再生能源占比		步进（准则：F-to-enter的概率≤.050，F-to-remove的概率≥.100）
2	核电占比		

注：a. 因变量：生态文明综合评分。

表4-74 各个模型的可决系数结果（一级GDP水平模型）

模型	R	R^2	调整后的R^2	标准估算的错误
1	.934[a]	.872	.863	.01191
2	.970[b]	.941	.932	.00843

注：a. 预测变量：（常量），其他可再生能源占比；
b. 预测变量：（常量），其他可再生能源占比，核电占比。

表4-75 各个模型的方差分析[a]结果（一级GDP水平模型）

模型		平方和	自由度	均方	F	显著性
1	回归	.014	1	.014	95.720	.000[b]
	残差	.002	14	.000		
	统计	.016	15			
2	回归	.015	2	.007	103.071	.000[c]
	残差	.001	13	.000		
	统计	.016	15			

注：a. 因变量；
b. 预测变量：（常量），其他可再生能源占比；
c. 预测变量：（常量），其他可再生能源、核电占比。

表 4-76 各个模型的参数结果（一级 GDP 水平模型）

系数[a]

模型		非标准化系数		标准系数	t	显著性
		B	标准错误	贝塔		
1	（常量）	.029	0.005		6.422	.000
	其他可再生能源占比	1.023	.105	.934	9.784	.000
2	（常量）	.099	.018		5.401	.000
	其他可再生能源占比	1.065	.075	.972	14.239	.000
	核电占比	-.905	.234	-.264	-3.868	.002

注：a. 因变量：生态文明综合评分变化率。

GDP 平均水平在一级状态下能源结构与生态文明综合评分的回归模型：

$$\hat{B} = 0.099 + 1.065x_1 - 0.905x_2$$

$$(5.401) \qquad (14.239) \qquad (-3.868)$$

$$(0.000) \qquad (0.001) \qquad (0.002)$$

其中：

$\hat{B}$ 为生态文明综合评分的估计值，x_1，x_2 分别为其他可再生能源消耗量及核电能源消耗量占该年能源总消耗量的比例。

可以估计，在一级 GDP 水平下仅调整其他可再生能源消耗及核电能源消耗比例是最恰当的，而且其他可再生能源对生态文明建设的贡献是正向的，每增加一单位其他可再生能源消耗比例，将带来 1.065 比例生态文明综合评分的增加；而核电消耗比例对生态文明建设的贡献是负向的，每增加一单位核电能源消耗比例，将带来-0.905 比例生态文明综合评分的减少。因此，在一级 GDP 水平下调整能源结构的最佳方案为：尽量增加其他可再生能源消耗的比例并适当降低核电能源消耗比例。

按照人均 GDP 水平不同的条件分析，不同人均 GDP 水平下，不同能源种类对生态文明建设的贡献都是不同的，或强或弱，或正或负。上文所提到应尽量“降低”或“提高”某项能源消耗的比例，这个举措有以下假设：该项能源结构能够满足国家基本的经济发展以及国民日常生活需要。因此，调整能源结构需要谨慎地考虑国家其他发展因素，按照适合的规划区间将能源比例趋近到最佳的发展平衡点①。

第六节　数据面板分析

一、面板数据基本介绍

在统计学和计量经济学中，面板数据或纵向数据是涉及时间测量因素的多维数据。面板数据包含对同一集体或个体在多个时间段内获得的多个现象的观察。时间序列和横截面数据可以被认为是仅在一维（一个小组成员或个人为前者，后者为一个时间点）的特殊情况。使用面板数据的研究被称为纵向研究或小组研究。本书利用数据面板的基本分析方法对发达国家生态文明综合评分以及能源消耗综合评分进行的回归分析，得出相关的评价模型。

面板数据分析是最近几十年来发展起来的新的统计方法，面板数据可以克服时间序列分析受多重共线性的困扰，能够提供更多的信息、更多的变化、更少共线性、更多的自由度和更高的估计效率，而面板数据的单位根检验和协整分析是当前最前沿的领域之一。本书将利用 Levin，Lin and CHU（2002）提出的 LLC 检验方法，Im，Pesearn，Shin（2003）提出的 IPS 检验，Maddala 和 Wu（1999），Choi（2001）提出的 ADF 和 PP 检验等方法对面板数据进行变量的平稳性分析。另外，利用 Perdroni（1999，2004）和 Kao（1999）提出的检验方法，对两组变量进行协整性分析。这两种检验方法的原假设均为不存在协整关系，从面板数据中得到残差统计量进行检验。

面板数据模型在金融领域应用较多，而经济学上往往更加关心的是截面模型，这一模型可以写作 $y=\alpha+\beta x+u$，其中，y，α，u 都是 $N+1$ 维的列向量，表示截面上的 N 个样本，而 X 是 $N\times K$ 维列向量，第 i 列表示各个样本第 i 个

① 胡昳，徐广忠. 找准能源结构调整与经济发展平衡点［N］. 中国电力报，2015-09-12 (002).

因素的观测值。

二、单位根检验

1. 生态文明综合评分单位根检验

表 4-77 生态文明综合评分单位根检验结果表

方法	统计量	p 值	截面	观测值
LLC	0.8795	0.8104	5	73
Im-P-S	2.4534	0.9929	5	73
Fisher-ADF	3.7881	0.9564	5	73
Fisher-PP	5.2816	0.8716	5	75

其中，方法一的零假设为：各截面有相同单位根；方法二的零假设为：允许各截面有不同的单位根。

其中，Levin，Lin& Chu t* （LLC）检验 p 值高于显著性水平 $\alpha=0.05$，检验统计量为 0.62248，无法拒绝含有单位根的原假设，即是面板数据不是平稳的；而 Im-P-S 检验、Fisher-ADF 检验、Fisher-PP 检验的检验统计量分别为 2.4534（0.9929）、3.7881（0.9564）、5.2816（0.8716），如表 4-77 所示。p 值均大于显著性水平 $\alpha=0.05$，无法拒绝含有单位根的原假设，即接受非平稳。根据结果我们无法排除样品面板存在单位根的可能，对此将面板数据通过一阶差分重新进行单位根检验。

表 4-78 生态文明综合评分一阶差分单位根检验结果表

方法	统计量	p 值	截面	观测值
LLC	-6.1922	0	5	68
Im-P-S	-5.5586	0	5	68
Fisher-ADF	45.3175	0	5	68
Fisher-PP	63.3127	0	5	70

Levin，Lin& Chu t* （LLC）检验、Im-P-S 检验、Fisher-ADF 检验、

Fisher-PP 检验的检验统计量分别为-6.1922（0.0000）-5.5586（0.0000）、45.3175（0.0000）、63.3127（0.0000），如表4-78 所示。p 值均小于显著性水平$\alpha=0.05$，无法拒绝含有单位根的原假设，即接受非平稳。由结果可以发现对生态文明综合评分进行一阶差分后不存在单位根，因此，排除了存在单位根带来的伪回归。

2. 能源消耗综合评分单位根检验

表 4-79　能源消耗综合评分单位根检验结果表

方法	统计量	p 值	截面	观测值
LLC	0. 8611	0. 8054	5	74
Im-P-S	2. 1912	0. 9858	5	74
Fisher-ADF	4. 4111	0. 9269	5	74
Fisher-PP	4. 2808	0. 9338	5	75

可见 LLC 检验、Im-P-S 检验、Fisher-ADF 检验和 Fisher-PP 检验的检验统计检验量分别为 0.8611（0.8054）、2.1912（0.9858）、4.4111（0.9269）、4.2808（0.9338），如表 4-79 所示。而各个检验方法的检验 p 值都远大于显著性水平 $\alpha=0.05$，无法拒绝含有单位根的原假设，即接受非平稳。根据结果我们无法排除样品面板存在单位根的可能，对此将面板数据通过一阶差分重新进行单位根检验。

表 4-80　能源消耗综合评分一阶差分单位根检验结果表

方法	统计量	p 值	截面	观测值
LLC	-7. 9983	0	5	68
Im-P-S	-6. 1971	0	5	68
Fisher-ADF	50. 9263	0	5	68
Fisher-PP	62. 1233	0	5	70

Levin，Lin& Chu t*（LLC）检验、Im-P-S 检验，Fisher-ADF 检验，Fisher-PP 检验的检验统计量分别为-7.9983（0.0000）、-6.1971（0.0000）、50.9263（0.0000）、62.1233（0.0000），如表 4-80 所示。p 值均小于显著性

水平$\alpha=0.05$，无法拒绝含有单位根的原假设，即接受非平稳。由结果可以发现对能源消耗综合评分进行一阶差分后不存在单位根，因此，排除了存在单位根带来的伪回归。

三、协整检验

1. Perdroni 协整检验结果

表 4-81　面板数据（一阶差分）Perdroni 协整检验结果表

方法	统计量	p 值	赋权统计量	p 值
Panel v-统计	4. 0628	0	-0. 505	0. 6932
Panel rho-统计	-4. 5365	0	-0. 4711	0
Panel PP-统计	-5. 4297	0	-0. 60393	0
Panel ADF-统计	-2. 4611	0. 0069	-3. 0208	0. 0013
Group rho-统计	-3. 1169			0. 0009
Group PP-统计	-6. 33			0
Group ADF-统计	-2. 4207			0. 0077

2. Kao 检验

表 4-82　面板数据（一阶差分）Kao 协整检验结果表

	t-统计量	p 值
ADF	-3. 2687	0. 0005
残差	9. 53E-05	
HAC 方差	3. 95E-05	

由表 4-81 可知，虽然采用众多的检验方法发现五个国家的生态文明综合评分和能源消耗综合评分的面板数据都是非平稳的，但 Kao 检验下的 ADF 检验量为-3. 2687，p 值为 0. 0005，如表 4-82 所示。表明生态文明综合评分一阶差分和能源消耗综合评分一阶差分的面板数据之间存在协整关系。

3. Johansen 面板协整检验

Johansen 面板协整检验结果如表 4-83 所示。

表 4-83　面板数据（一阶差分）Johansen 协整检验结果表

对 CE 个数的假设	Fisher 统计*（迹检验）	P 值	Fisher 统计*（最大特征值检验）	P 值
没有	34.03	0.0002	18.76	0.0434
至少一个	40.17	0	40.17	0

注：*p 值均用渐近性 Chi-square 分布计算。

4. 结果汇总及分析

对此我们对生态文明综合评分以及能源消耗综合评分两组数据进行一阶差分，重新进行协整性检验，以下为一阶差分后各个检验方法的检验结果。

表 4-84　面板数据（一阶差分）协整检验结果汇总表 1

检验方法	检验假设	统计量名	统计量值（p 值）
Kao 检验	原假设：不存在协整关系	ADF	-3.268676（0.0005）
Perdroni 检验	原假设：不存在协整关系；备选假设：存在协整关系	Panel v-Statistic	4.062758（0.0000）
		Panel rho-Statistic	-4.536473（0.0000）
		Panel PP-Statistic	-5.429712（0.0000）
		Panel ADF-Statistic	-2.461077（0.0069）
	原假设：不存在协整关系；备选假设：存在协整关系	Group-rho-Statistic	-3.116880（0.0009）
		Group-PP-Statistic	-6.330058（0.0000）
		Group-ADF-Statistic	-2.420730（0.0077）

表 4-85　面板数据（一阶差分）协整检验结果汇总表 2

原假设	Fisher 联合迹统计量（p 值）	Fisher 联合 λ-max 迹统计量（p 值）
0 个协整向量	34.03（0.0002）	18.76（0.0434）
至少 1 个协整向量	40.17（0.0000）	40.17（0.0000）

从表 4-84 和表 4-85 的检验结果可以看出，在几个面板数据协整方法的

检验结果中我们观察到大部分统计量通过显著性水平并支持两组变量的协整性。我们认为，表明一阶差分后的生态文明综合评分以及能源消耗综合评分两个变量的面板数据之间存在协整关系，接下来对差分后的两组数据进行回归分析。

四、面板数据的回归分析

1. 确定能源消耗对生态文明的影响形式

有关固定效应和随机效应的选择，国内外一直存有争论。在此背景下，大多数学者（尤其是在国内）对于这两种效应模型不甚理解。Hausam 检验（比较随机效应模型和固定效应模型）和 Breusch-Pagan（拉格朗日乘数检验、比较混合模型和随机效应模型）检验同样不具有可比性，这两种检验方法的出发点不同。从某种程度上来说，Hausam 检验的意义不大。因为一方面，固定效应模型可以将扰动项中那些个体异质和时间异质的，同时有可能导致内生性问题的误差估计出来，提高估计结果的一致性。而随机效应模型仅仅只是在无内生性的条件下，得到一个比固定效应更有效的估计量。另一方面，本身 hausam 检验中，接受随机效应模型假设的前提是：随机效应模型和固定效应模型的估计量都是一致估计量。因此，无论 Hausam 检验结果如何，采用固定效应模型是正确的。此外，本书研究的面板数据属于短面板，一般短面板用随机效用模型会有较大的误差。因此，本书直接以固定效应作为模型的影响方式。

2. 确定模型的具体形式

模型共有三种形式：

模型一：变系数模型 $y_i=\alpha_i+\beta_i x_i+u_i$；

模型二：固定影响模型 $y_i=m+\beta x_i+\alpha_i^*+u_i$；

模型三：不变参数模型 $y_i=\alpha+\beta x_i+u_i$。

为了决定模型形式，需要进行确定模型形式的 F 检验。

$$F_2=\frac{(SSE_t-SSE_u)/[(N-1)(k+1)]}{[SSE_u/(NT-N-k)]}\sim F[(N-1)(k+1),\ N(T-k-1)]；$$

$$F_1 = \frac{(SSE_r - SSE_u)/[(N-1)k]}{[SSE_u/(NT-N-k)]} \sim F[(N-1)k,\ N(T-k-1)]$$

判定规则为：

H_0：$\beta_1=\beta_2=\cdots=\beta_N$

H_1：$\alpha_1=\alpha_2=\cdots=\beta_N$，$\beta_1=\beta_2=\cdots=\beta_N$

先检验 H_1，若接受假设 H_1 则为不变参数模型（模型三），检验结束；如果拒绝假设 H_1，则检验假设 H_0。如接受 H_0，则模型为变截距模型（模型二），若拒绝 H_0，则模型为变参数模型（模型一）。

建立变系数模型 $y_1=\alpha_i+\beta_i x_i+u_i$。

表 4-86　面板数据（一阶差分）变系数模型的估计结果

变量	系数	标准差	t 统计量	P 值
常数	0. 0044	0. 000787	5. 5879	0
US 能源消耗评分	-0. 1965	0. 1252	-1. 5692	0. 1215
UK 能源消耗评分	-0. 0038	0. 0281	-0. 1363	0. 892
AU 能源消耗评分	0. 9569	1. 7328	0. 5523	0. 5826
JA 能源消耗评分	0. 0438	0. 0173	2. 5325	0. 0138
FR 能源消耗评分	0. 15	0. 0974	1. 5412	0. 1281
固定效应				
US	-1. 27E-05			
UK	0. 002516			
AU	-0. 003049			
JA	0. 000828			
FR	-0. 000281			
R 方	0. 21006	SSE	0. 002711	
F 统计量	1. 920523	P 值	0. 064319	

其中，结果显示其中残差平方和 $SSE_u=0.002711$，自由度 $N_u=N(T-k-1)=70$，建立变截距模型 $y_i=m+\beta x_i+\alpha_i^*+u_i$。

表 4-87　面板数据（一阶差分）变截距模型的估计结果

变量	系数	标准差	t 统计量	P 值
常数	0. 004615	0. 000776	5. 944189	0
能源消耗综合评分	0. 030413	0. 014808	2. 053856	0. 0438
固定效应				
US	3. 95E-04			
UK	0. 003289			
AU	-0. 002913			
JA	0. 000453			
FR	-0. 001224			
R 方	0. 123009	SSE	0. 003010	
F 统计量	1. 9235631	P 值	0. 0995	

其中，结果显示其中残差平方和 $SSE_r=0.003010$，自由度 $N_r=N(T-1)-k=149$，再建立不变参数模型（所有截面截距相同，系数相同）$y_i=\alpha+\beta x_i+u_i$。

表 4-88　面板数据（一阶差分）不变参数模型的估计结果

变量	系数	标准差	t 统计量	P 值
常数	0. 004547	0. 000792	5. 742028	0
能源消耗综合评分	0. 023523	0. 014818	1. 587421	0. 1167
R 方	0. 033367	SSE	0. 003318	
F 统计量	2. 519907	P 值	0. 11674	

其中，结果显示残差平方和 $SSE_i=0.003318$，自由度为 $N_r=NT-(k+1)=78$，计算 F_1，F_2 统计量：

$$F_1=\frac{(SSE_r-SSE_u)/[(N-1)k]}{[SSE_u/(NT-N-k)]}\sim F[(N-1)k,\ N(T-k-1)]$$

$$F_2=\frac{(SSE_t-SSE_u)/[(N-1)(k+1)]}{[SSE_u/(NT-N-k)]}\sim F[(N-1)(k+1),\ N(T-k-1)]$$

$$F_1 = 1.93 > F(4, 70)$$

$$F_2 = -7.588 \times 10^{-6} < F(8, 70)$$

先检验 H_1，由于 $F_2 = -7.588 \times 10^{-6} < F$（8，70），因此无法拒绝 H_1，该模型应为模型三，即不变参数模型。

由不变参数模型的参数结果可以直接得出相应的模型：

$$d(B_i) = 0.004547 + 0.023523 d(E_i) + u_i$$

（5.7420）　　　　（1.5874）

（0.0000）　　　　（0.1167）

其中：B_i 为各国生态文明综合评分，E_i 为各国生态文明综合评分，虚拟变量 E_1，E_2，…，E_5 的定义是：

$$E_i = \begin{cases} 1，如果属于第 i 个个体，i=1，2，\cdots，5 \\ 0，其他 \end{cases}$$

u_i 为其他可能影响生态文明建设的随机扰动因素。

由以上不变参数模型我们可以分析，某发达国家能源消耗的增速对生态文明的增速存在一定的“弹性影响”，这个弹性影响系数为 0.023523，固定的影响因素参数为 0.004547。可见这个弹性是弱的，说明单位能源消耗水平的增速导致的是较少的单位生态文明建设水平增速。但是值得留意的是弹性系数 β 中 t 检验的 p 值大于 0.05 的显著性水平，为 0.1167。同时，模型总体的 F 检验的 p 值为 0.11674，同样大于 0.05 的显著性水平。这说明了这个模型在一定程度上是不可靠的，其主要原因在于变量可能存在多重共线性，或者指标的选择上有偏误。但本书认为最主要的原因在于样本量的不足。不过这并不意味着该模型不可取用（模型有 88.33%的可能性是适用的）。

第七节　本章结论

本书以美国生态文明建设以及能源消耗的 2001—2016 年的情况为起点，对发达国家生态文明建设以及能源消耗的演变进行综合性的分析。结论如下：

相关性结论：首先，生态文明建设以及能源消耗具有明显的相关性，而且相关性与国家历史 GDP、GDP 环比增长速度、第三产业结构有着重要的关系。GDP 在低于 18356.37 亿美元（或 9863.94 亿美元）水平下，或者 GDP 环比增长速度高于 4.43%（或 8.29%）水平，很有可能会导致生态文明建设和能源消耗呈现正相关的发展趋势（能源消耗程度越高，生态文明建设的程度越高），如澳大利亚的情况。GDP 高于 18356.37 亿美元（或 9863.94 亿美元）水平或者 GDP 环比增长速度低 4.43%（或 8.29%）水平，则符合我们所认定的，生态文明建设和能源消耗呈现负相关发展趋势的假设，如美国、英国、日本和法国的情况。此外，第三产业的结构也对上述相关性有着重要的影响，当第三产业的占比低于一定水平很可能会导致生态文明和能源消耗呈现正相关的发展趋势；反之，则为负相关的发展趋势。此外，煤炭和核能产电的比例与生态文明建设以及与能源消耗的相关性可能有关系。其他的能源结构，比如石油、天然气等，这些能源的消耗占比的变化可能对生态文明建设以及能源消耗的相关性影响不大。

趋势及预测性结论：几个重要发达国家生态文明综合评分的变化趋势比较接近，它们都以直线趋势向上增长；预测期（5 年）后，英国的生态文明综合评分将会领先，随后依次是美国、日本和法国。除了法国以外，其余四个国家均继续保持增长的趋势。此外，虽然美国能源消耗总量最大，但其每万平方公里的能源消耗实际上相比其他四国并不高，日本的能源消耗综合评分甚至是美国的 5~6 倍左右，英国则为美国的 3 倍左右，法国与美国水平接近，而澳大利亚则为美国的 1/10 左右。而五个样本国家能源消耗水平除了澳大利亚以外均有下降的趋势，而且预测期最后一期比 2016 年均有 10%以下的下降趋势。

滞后性结论：能源消耗对生态文明建设有滞后影响，滞后期为 3~6 年。

能源结构与生态文明线性关系的结论：在不同的人均 GDP 水平下，能源结构与生态文明建设有着一定的线性关系。在三级水平下（人均 GDP 历史均值大于 40000 亿美元），生态文明主要受煤炭、核能发电以及其他可再生能源的所占比例影响，回归模型为 $\hat{B} = 0.032 + 1.783x$ ，模型解析见上。调整能源结构的最佳方案应该为：重点提高其他可再生能源消耗的比例；在二级水平下（人均 GDP 历史均值在 30000~40000 美元），生态文明主要受煤炭、石油、其他可再生能源和水力能消耗所占比例影响，回归模型为 $\hat{B} = 0.136 + 0.658x_i - 0.379x_2 - 0.665x_3$，模型解析见上，二级人均 GDP 模型下，最佳调整方法为：适当降低石油及水力能能源消耗比例，适当提高天然气能源消耗比例；在一级水平下（人均 GDP 历史均值在 30000 美元以下），生态文明主要由石油消耗所占比例影响，回归模型为 $\hat{B} = 0.099 + 1.065x_1 - 0.905x_2$，模型解析见上，一级 GDP 水平下调整能源结构的最佳方案为：尽量增加其他可再生能源消耗的比例并适当降低核电能源消耗比例。

面板数据分析结论：能源消耗水平的增速对生态文明建设的增速有明显的“弹性影响”，而且这种影响是相对比较弱的。其不变参数模型为 $d(B_i) = 0.003891 + 0.017613d(E_i) + u_i$。

从演变的角度分析，世界主要发达国家的能源消耗增速对于生态文明建设增速在长远的时间区间下，它们的变化是相对均衡的。此外，发达国家能源消耗水平的增速带来的是较少的生态文明建设水平增速，弹性系数约为 0.017613。

这给了我们在可持续发展战略下经济及能源政策重要调整的启示：一方面，较高的能源消耗增速与生态文明建设的水平的增速在长远下能够共存，且能达到相对均衡。另一方面，由于弹性系数只有 0.017613，较大能源消耗增速并不意味着生态文明建设的速度也在同样高的水平。

本书提出以下建议：

能源消耗与生态文明两者是可以兼顾的，太过保守的能源消耗政策对生态文明建设不仅没有促进作用，反而会阻碍经济的发展。

由于我国生态文明建设水平与发达国家存在一定差异，而且能源消耗并不是生态文明建设的唯一决定要素，因此，不能把调整能源消耗作为生态文明建设的主要手段。学习发达国家先进的生态治理政策，大力宣传生态文明理念，并在企业和个人中推行是十分重要的。应根据经济发展的需要适度地调整单位面积能源消耗，并尽量将能源消耗对生态环境的影响降到最低。具体能耗的增加首先应考虑经济发展的需要，其次应在合理设定生态文明建设的具体增加速度下对能耗进行调整（若某发达国家每年生态文明综合评分以 10%的速度增加，根据模型，单位面积能源消耗增速可以维持在 30%~40%之间）。

第八节　模型评价

一、已解决的问题

（1）引入熵值法，去除人为因素，客观地对国家生态文明建设进行评价。

（2）引入层次分析法，以讨论为基础，结合各种能源对环境不同程度的影响，从主观上评价国家能源消耗水平。从能源影响自然环境的角度出发，综合分析每个国家能源消耗水平，而不是将各项的能源消耗量简单相加。

（3）评价了生态文明与能源消耗演变上的相关性，并讨论了不同情况对该相关性的影响。

（4）讨论了不同 GDP 历史平均水平下，能源结构与生态文明建设的关系，并建立了多元线性回归模型对此进行解释。

（5）引入面板数据模型，考虑时间演变以及不同国家的截面下能源消耗与生态文明之间的关系，并建立了不变参数模型对此进行解析。

（6）在面板数据分析中，对变量进行一阶差分，虽然改变了变量的意义，但是能够消除样本量过少，使面板数据过“胖”而造成的非平稳性影响。

二、存在及待解决的问题

（1）由于数据获取的有限性，指标的选取存在解析度不足以及缺失值对分析结果造成偏差的情况。

（2）样本量只有五个，虽然考虑了五个样本的代表性，但仍会给统计分析的准确性带来一定偏差。由于样本量少，面板数据不变参数模型的部分系数以及总体没有通过显著性检验，因此，模型仅有 88. 33%的可能性是适用的。

第五章　实现江西省生态文明先行示范区能源消耗标准的路径

第一节　区域定位策略

通过对江西省各市各年（主要是2015年）的“单位GDP能耗”“产业结构”的数据进行比对，从动态上反映各市的能源消耗情况，并将其作为最终定位策略的基层数据。

之所以选这两个指标，是因为一般而言第一产业能耗总量较低，增加值在经济总量中的占比也由于产业结构调整逐步降低，总体而言，能源消耗强度较低。第二产业特别是工业能源消耗量比较大，其中重工业特别是六大高耗能行业最为明显。尽管第二产业增加值比重高于第一产业，但是由于远远高于第一产业和第三产业的能源消耗总量，导致第二产业的能源消耗强度明显位于三大产业之首。第三产业从能耗总量上要高于第一产业，但是由于第三产业涉及的部门多，而且服务业的增加值比重不断增加，因此，平均下来第三产业相对而言总体上属于能源依赖程度较低的部门。

第二产业在三大产业中是能源消耗的大户，若第二产业的产值比重下降，必将导致能源消耗的下降，进一步导致单位GDP能耗的下降。

从2011—2015年江西省各市对比图可以看出：一是所有城市的第二产业的产值比重呈下降趋势，如表5-1至表5-6所示；二是所有城市的单位GDP能耗呈下降趋势，如图5-3、图5-7、图5-11、图5-15、图5-19所示。因此，要在进一步缩减能源消耗的情况下发展绿色经济，单位GDP能耗的下降速度应大于第二产业产值的下降速度。图5-1“单位GDP能耗下降的百分比与第二产业产值下降百分比之比”的比值反映了在发展绿色经济过程中，对能源的消耗与转换关系。比值越大则表示在第二产业下降的过程中，对能源的节省越强，转化为经济的能力越强。比值越小则表示在第二产业下降的过程中，对能源的节省越弱，转化为经济的能力越弱。从动态上反映江西省各市能源消耗的趋势，作为最终定位策略的决定因素。

表 5-1 江西省各市单位 GDP 能耗下降的百分比与第二产业产值下降百分比之比

地 区	单位 GDP 能耗下降百分比（%）	第二产业产值比重下降百分比（%）	GDP 能耗与第二产业下降百分比之比
新余市	21	16	1. 31
九江市	16	8	1. 81
宜春市	27	13	2. 07
景德镇市	21	10	2. 10
上 饶 市	23	10	2. 30
抚 州 市	17	6. 7	2. 53
萍 乡 市	37	13	2. 80
赣 州 市	17	6	2. 83
鹰 潭 市	27	8	3. 375
南 昌 市	40	7	5. 70
吉 安 市	35	6	5. 83

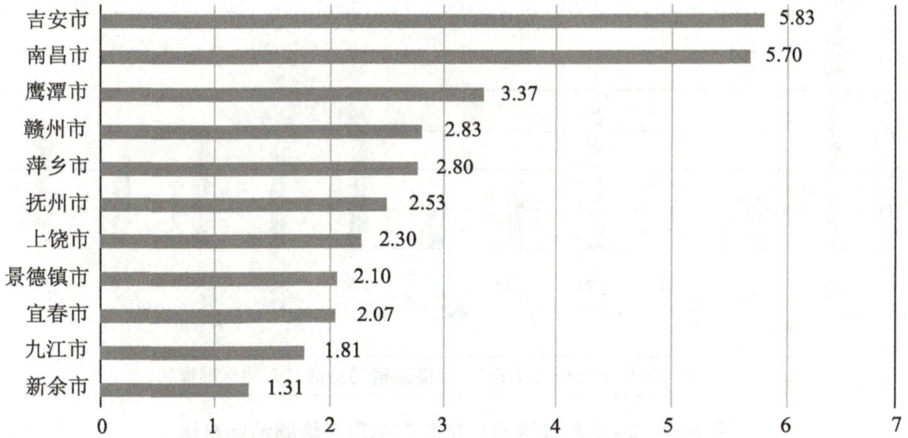

图 5-1 江西省各市单位 GDP 能耗下降的百分比与第二产业产值下降百分比之比

表 5-2　2015 年江西省各市三次产业与能耗对比

地区	地区生产总值（亿元）	能源消耗总量（万吨标准煤）	单位 GDP 能耗（吨标准煤/万元）	第一产业（亿元）	比重（%）	第二产业（亿元）	比重（%）	第三产业（亿元）	比重（%）
江西省	16723.78	8440.34	0.50	1772.98	10.6	8411.57	50.3	6539.23	39.1
南昌市	4000.01	1377.84	0.34	171.26	4.3	2179.96	54.5	1648.79	41.2
景德镇市	772.06	389.51	0.50	57.22	7.4	437.58	56.7	277.25	35.9
萍乡市	912.39	899.26	0.98	62.83	6.9	517.29	56.7	332.27	36.4
九江市	1902.68	1163.70	0.61	140.75	7.4	1014.59	53.3	747.34	39.3
新余市	946.80	953.17	1.00	55.95	5.9	527.93	55.8	362.92	38.3
鹰潭市	639.26	244.60	0.38	49.40	7.7	379.57	59.4	210.29	32.9
赣州市	1973.87	792.07	0.41	295.56	15.0	870.46	44.1	807.85	40.9
吉安市	1328.52	444.45	0.33	217.40	16.4	657.38	49.5	453.74	34.1
宜春市	1621.02	966.54	0.60	236.04	14.6	838.60	51.7	546.38	33.7
抚州市	1105.14	432.79	0.39	181.81	16.5	549.30	49.7	374.02	33.8
上饶市	1650.81	680.29	0.41	222.80	16.5	803.38	48.7	624.62	37.8

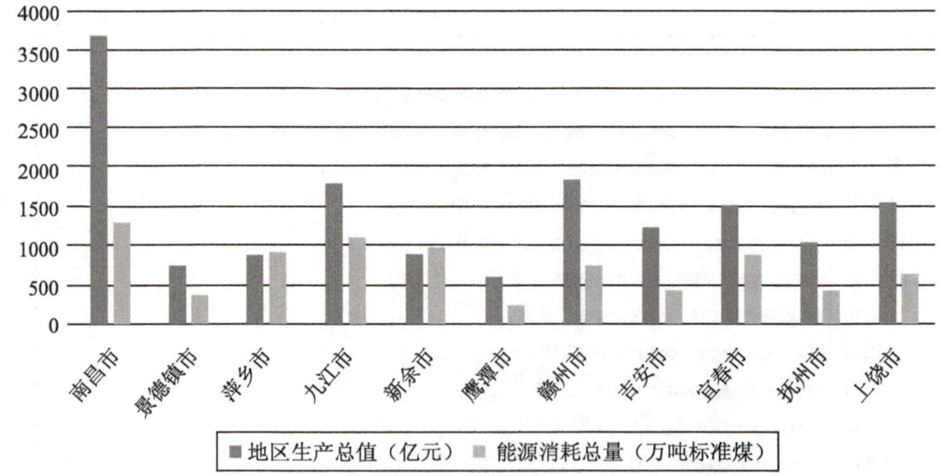

图 5-2　2015 年江西省各市生产总值与能源消耗对比

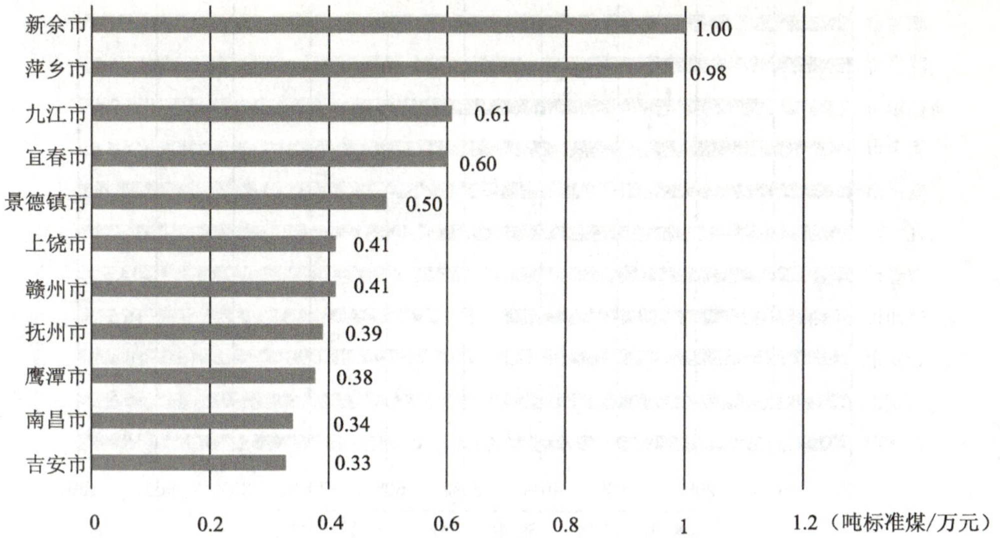

图 5-3　2015 年江西省各市单位 GDP 能耗对比

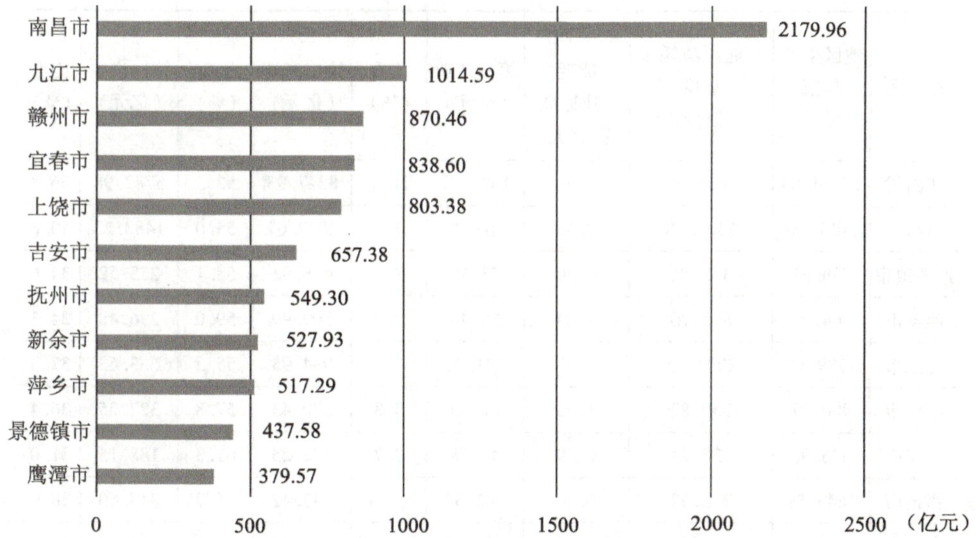

图 5-4　2015 年江西省各市第二产业产值对比

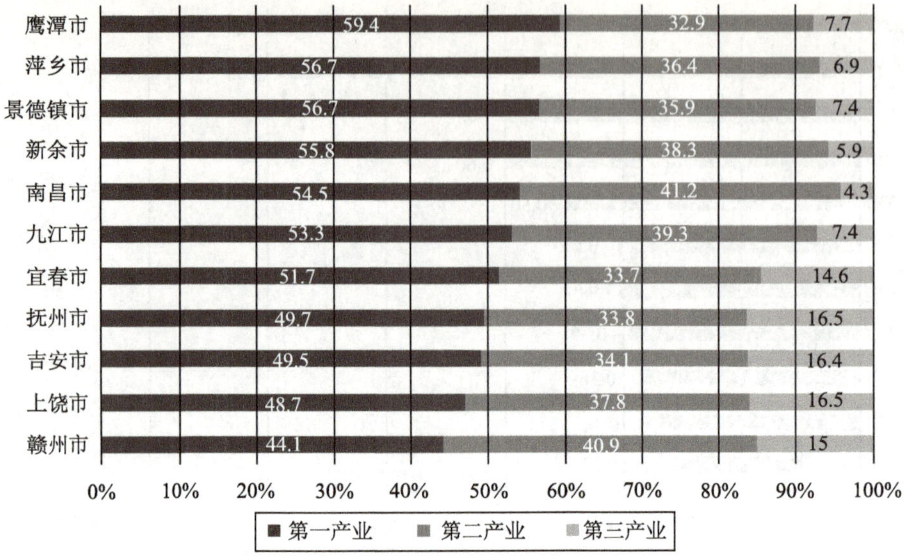

图 5-5　2015 年江西省各市三次产业结构对比

表 5-3　2014 年江西省各市三次产业与能耗对比

地　区	地区生产总值（亿元）	能源消耗总量（万吨标准煤）	单位 GDP 能耗（吨标准煤/亿元）	第一产业（亿元）	比重（%）	第二产业（亿元）	比重（%）	第三产业（亿元）	比重（%）
江西省	15714. 63	8055. 36	0. 51	1683. 72	10. 7	8247. 93	52. 5	5782. 98	36. 8
南昌市	3667. 96	1301. 18	0. 35	162. 72	4. 4	2017. 01	55. 0	1488. 23	40. 6
景德镇市	738. 21	365. 81	0. 50	53. 78	7. 3	428. 91	58. 1	255. 52	34. 6
萍乡市	864. 95	895. 70	1. 03	58. 48	6. 8	509. 99	59. 0	296. 48	34. 3
九江市	1779. 96	1094. 15	0. 61	131. 38	7. 4	984. 95	55. 3	663. 63	37. 3
新余市	900. 27	959. 82	1. 06	52. 59	5. 8	520. 43	57. 8	327. 25	36. 4
鹰潭市	606. 98	236. 21	0. 39	46. 58	7. 7	372. 25	61. 3	188. 15	31. 0
赣州市	1843. 59	743. 93	0. 40	282. 58	15. 3	843. 42	45. 7	717. 60	38. 9
吉安市	1242. 11	419. 45	0. 38	204. 05	16. 4	634. 30	51. 1	403. 77	32. 5
宜春市	1522. 99	902. 81	0. 59	224. 16	14. 7	824. 58	54. 1	474. 25	31. 1
抚州市	1036. 77	412. 00	0. 40	166. 48	16. 1	532. 86	51. 4	337. 43	32. 5
上饶市	1550. 24	642. 43	0. 41	213. 26	13. 8	779. 01	50. 3	557. 97	36. 0

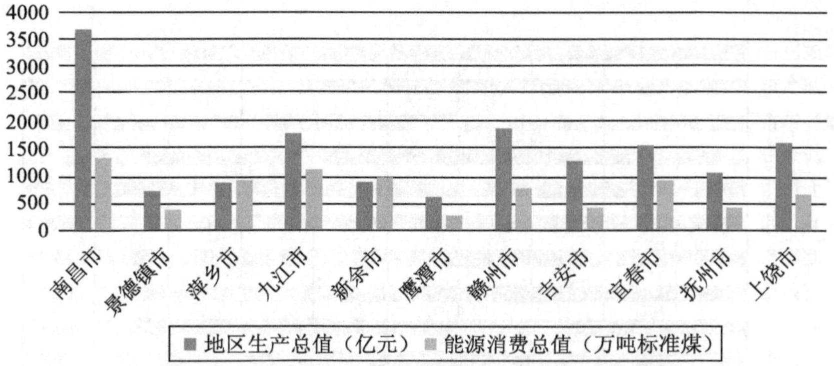

图 5-6　2014 年江西省各市生产总值与能源消耗对比

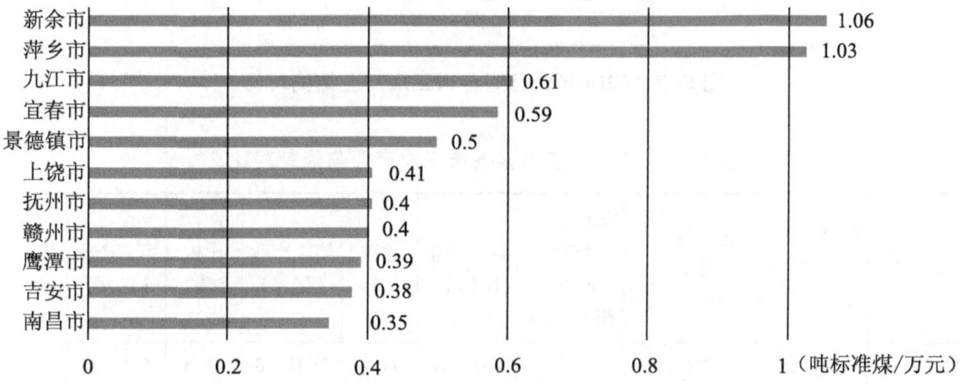

图 5-7　2014 年江西省各市单位 GDP 能耗对比

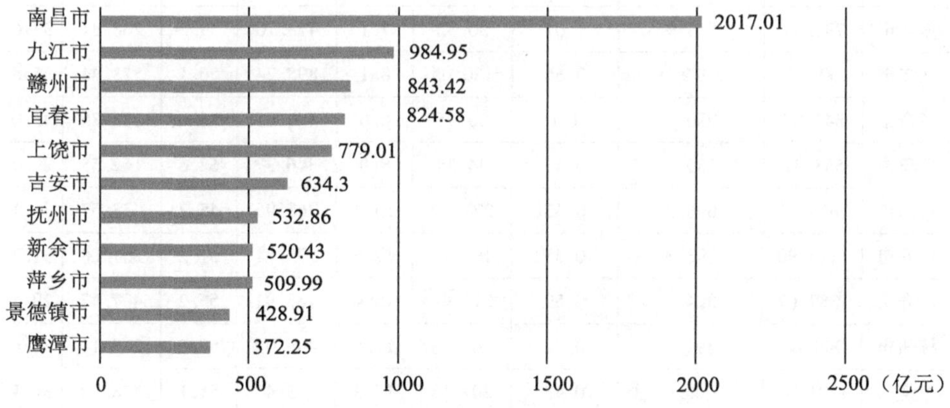

图 5-8　2014 年江西省各市第二产业产值对比

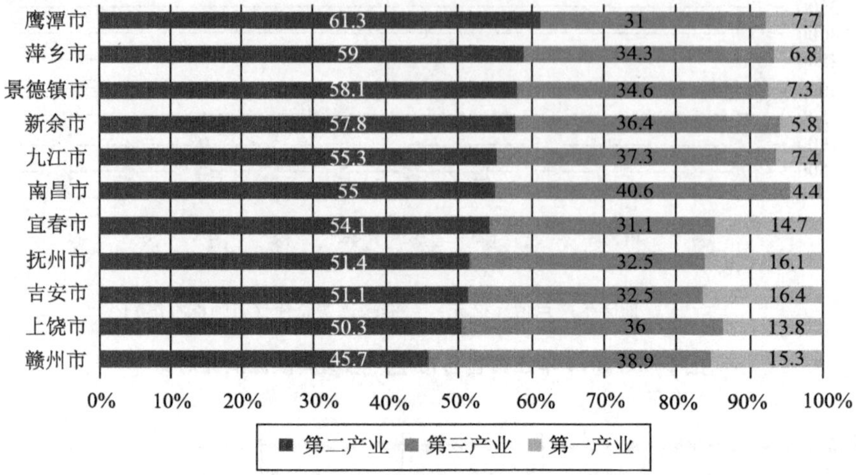

图 5-9　2014 年江西省各市三次产业结构对比

表 5-4　2013 年江西省各市三次产业与能耗对比

地　区	地区生产总值（亿元）	能源消耗总量（万吨标准煤）	单位 GDP 能耗（吨标准煤/万元）	第一产业（亿元）	比重（%）	第二产业（亿元）	比重（%）	第三产业（亿元）	比重（%）
江西省	14338. 50	7672. 7	0. 54	1636. 49	11. 4	7671. 38	53. 5	5030. 63	35. 1
南昌市	3336. 03	1587. 1	0. 48	157. 24	4. 7	1850. 49	55. 5	1328. 30	39. 8
景德镇市	680. 28	348. 9	0. 51	52. 29	7. 7	396. 48	58. 3	231. 51	34. 0
萍乡市	798. 33	854. 9	1. 07	56. 32	7. 1	473. 70	59. 3	268. 31	33. 6
九江市	1601. 73	1052. 9	0. 66	130. 05	8. 1	898. 24	56. 1	573. 44	35. 8
新余市	845. 07	926. 8	1. 1	50. 95	6. 0	490. 37	58. 0	303. 75	36. 0
鹰潭市	553. 47	239. 2	0. 43	44. 55	8. 0	346. 37	62. 6	162. 55	29. 4
赣州市	1673. 31	698. 3	0. 42	271. 79	16. 2	763. 96	45. 7	637. 57	38. 1
吉安市	1123. 90	393. 8	0. 35	197. 11	17. 6	575. 71	51. 2	351. 08	31. 2
宜春市	1387. 07	824. 7	0. 59	213. 69	15. 4	765. 91	55. 2	407. 47	29. 4
抚州市	940. 64	391. 7	0. 42	163. 48	17. 4	489. 02	52. 0	288. 14	30. 6
上饶市	1401. 31	608. 6	0. 43	207. 15	14. 8	715. 45	51. 1	478. 72	34. 1

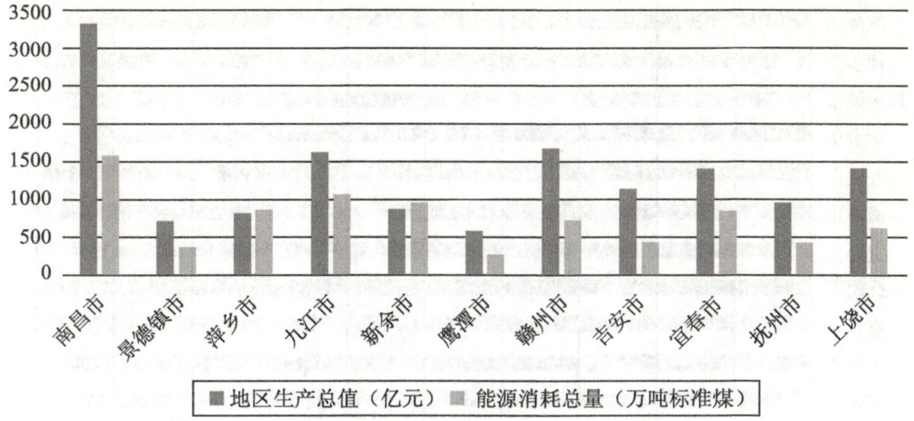

图 5-10　2013 年江西省各市生产总值与能源消耗对比

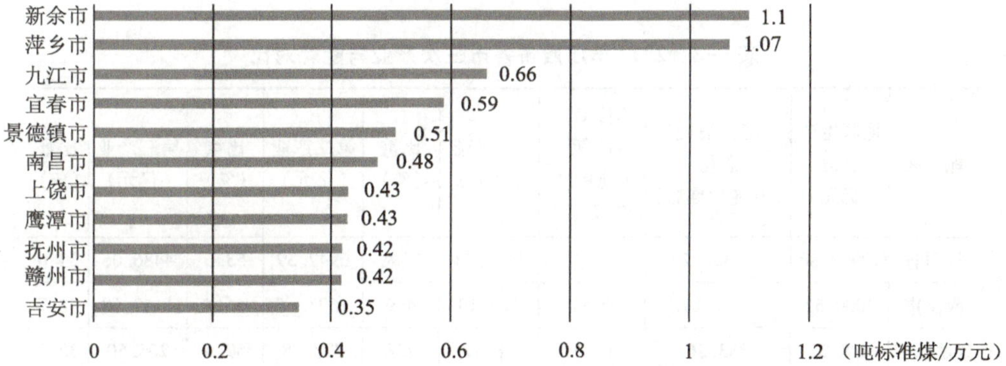

图 5-11　2013 年江西省各市单位 GDP 能耗对比

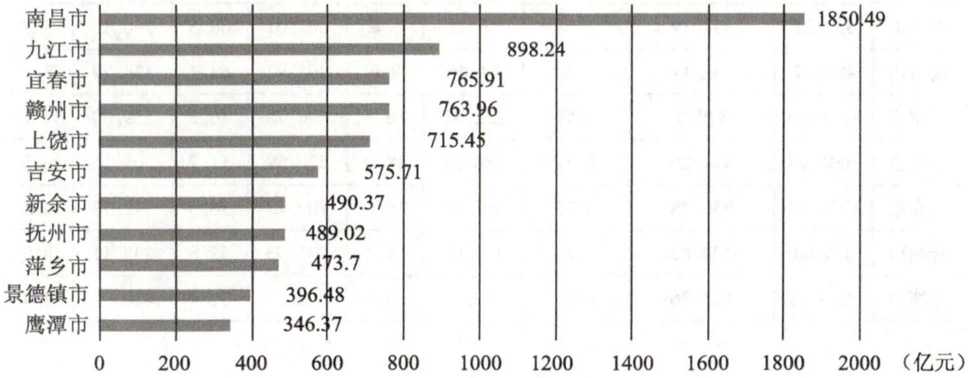

图 5-12　2013 年江西省各市第二产业产值对比

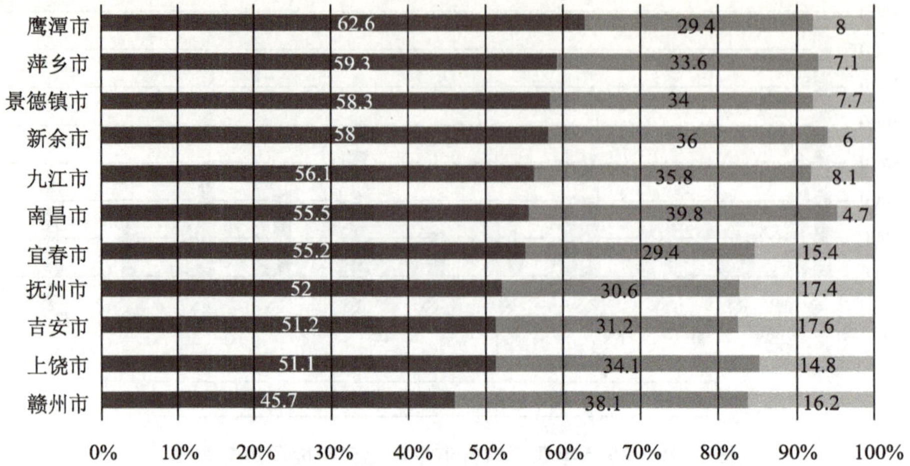

图 5-13　2013 年江西省各市三次产业结构对比

表 5-5　2012 年江西省各市三次产业与能耗对比

地　区	地区生产总值（亿元）	能源消耗总量（万吨标准煤）	单位 GDP 能耗（吨标准煤/万元）	第一产业（亿元）	比重（%）	第二产业（亿元）	比重（%）	第三产业（亿元）	比重（%）
江西省	12948.88	7232.92	0.56	1520.23	11.8	6942.59	53.6	4486.06	34.6
南昌市	3000.52	1622.87	0.54	147.19	4.9	1693.65	56.4	1159.68	38.7
景德镇市	628.25	383.26	0.61	48.97	7.8	373.78	59.5	205.50	32.7
萍乡市	733.06	1068.73	1.46	53.12	7.2	445.68	60.8	234.26	32.0
九江市	1420.10	1019.52	0.72	118.29	8.3	808.84	57.0	492.97	34.7
新余市	830.32	954.39	1.15	48.21	5.8	502.01	60.5	280.10	33.7
鹰潭市	482.17	242.11	0.50	41.46	8.6	305.92	63.4	134.79	28.0
赣州市	1508.49	819.5	0.54	252.41	16.7	696.78	46.2	559.30	37.1
吉安市	1006.26	474.29	0.47	180.51	18.0	520.59	51.7	305.16	30.3
宜春市	1247.60	930.78	0.75	202.67	16.2	702.20	56.3	342.73	27.5
抚州市	825.04	420.83	0.51	152.00	18.4	435.93	52.8	237.11	28.8
上饶市	1265.39	613.76	0.49	192.83	15.2	662.54	52.4	410.02	32.4

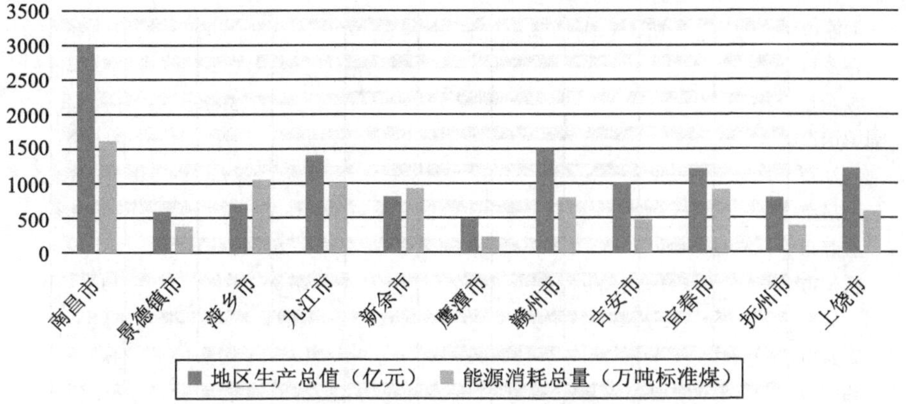

图 5-14　2012 年江西省各市总产值与能源消耗对比

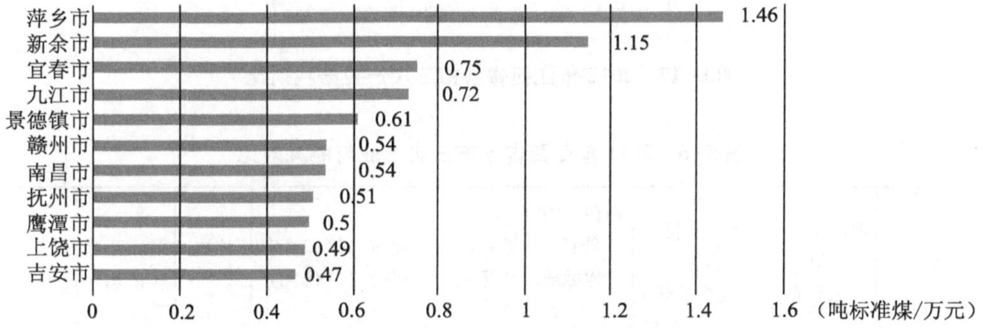

图 5-15　2012 年江西省各市单位 GDP 能耗对比

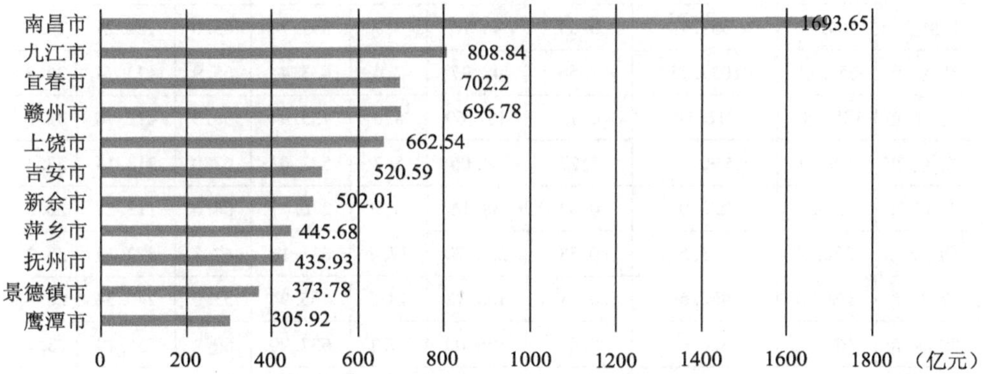

图 5-16　2012 年江西省各市第二产业产值对比

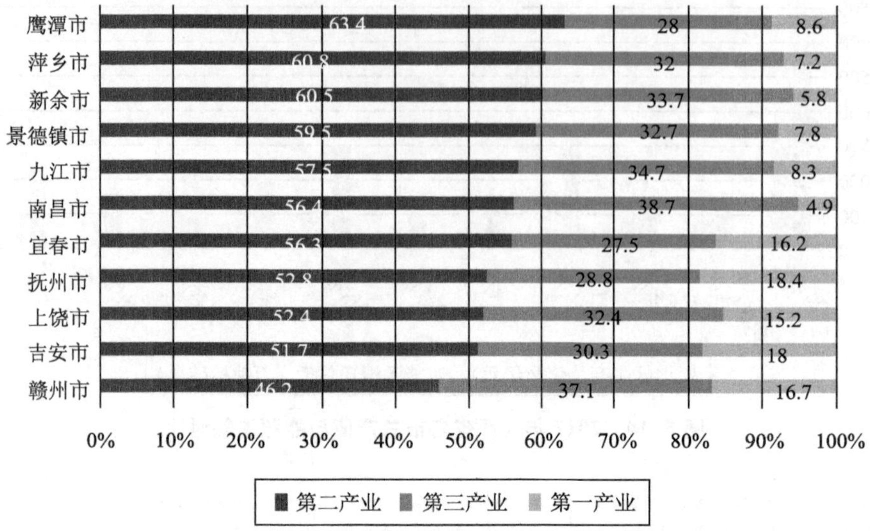

图 5-17　2012 年江西省各市三次产业结构对比

表 5-6　2011 年江西省各市三次产业与能耗对比

地　区	地区生产总值（亿元）	能源消耗总量（万吨标准煤）	单位 GDP 能耗（吨标准煤/万元）	第一产业（亿元）	比重（%）	第二产业（亿元）	比重（%）	第三产业（亿元）	比重（%）
江 西 省	11700	6928. 17	0. 59	1391. 07	11. 9	6390. 55	54. 6	3921. 20	33. 5
南 昌 市	2688. 87	1530. 95	0. 57	134. 92	5. 0	1579. 29	58. 7	974. 66	36. 3
景德镇市	564. 71	359. 7	0. 64	44. 73	7. 9	355. 74	63. 0	164. 24	29. 1
萍 乡 市	658. 15	1027. 13	1. 56	48. 97	7. 4	433. 44	65. 9	175. 74	26. 7
九 江 市	1256. 41	918. 88	0. 73	107. 69	8. 6	735. 94	58. 5	412. 78	32. 9
新 余 市	779. 21	990. 0	1. 27	44. 06	5. 7	522. 01	67. 0	213. 14	27. 4
鹰 潭 市	427. 59	222. 9	0. 52	38. 14	8. 9	276. 17	64. 6	113. 28	26. 5
赣 州 市	1336. 00	773. 5	0. 58	232. 70	17. 4	631. 16	47. 3	472. 14	35. 3
吉 安 市	879. 06	450. 5	0. 51	163. 78	18. 6	465. 94	53. 0	249. 34	28. 4
宜 春 市	1077. 98	886. 9	0. 82	185. 00	17. 1	637. 79	59. 2	255. 19	23. 7
抚 州 市	742. 51	384. 7	0. 47	136. 89	18. 4	395. 61	53. 3	210. 01	28. 3
上 饶 市	1110. 58	586. 2	0. 53	176. 50	15. 9	598. 98	53. 9	335. 10	30. 2

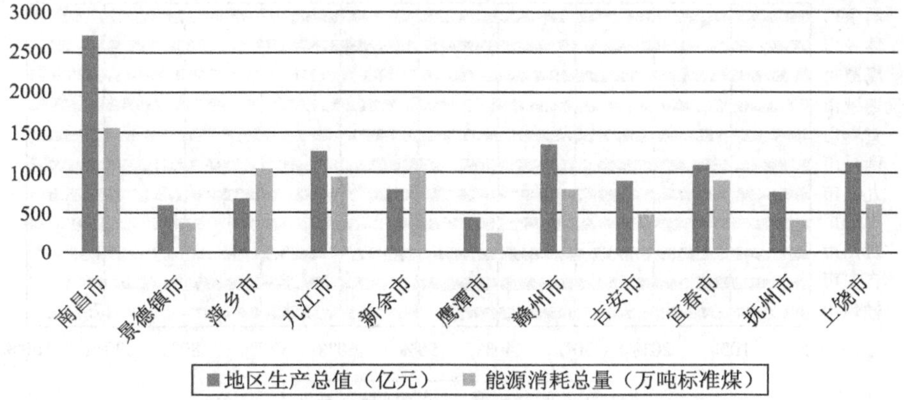

图 5-18　2011 年江西省各市总产值与能源消耗对比

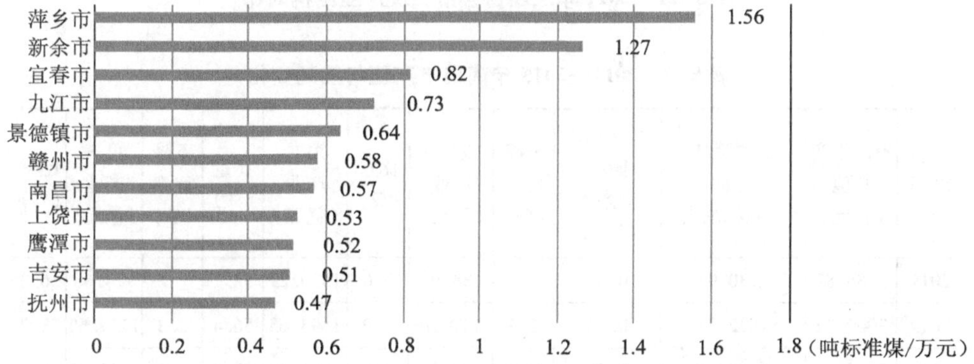

图 5-19　2011 年江西省各市单位 GDP 能耗对比图

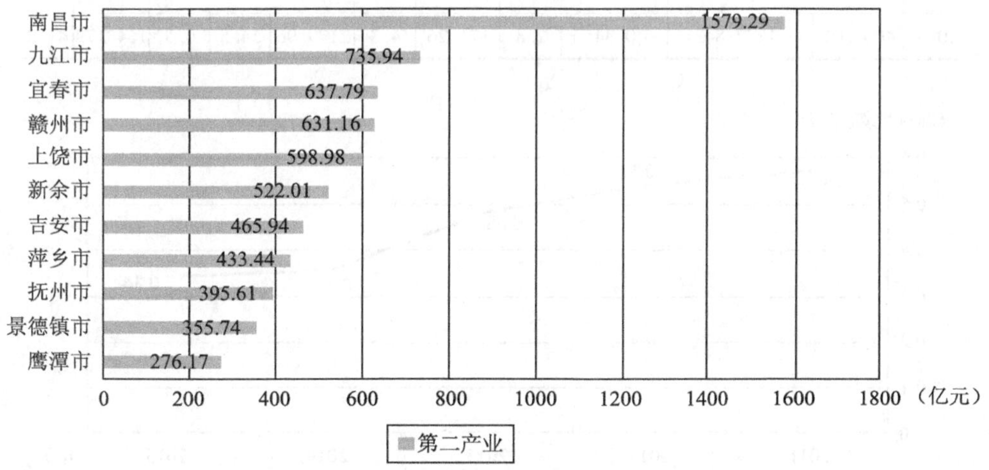

图 5-20　2011 年江西省各市第二产业产值对比

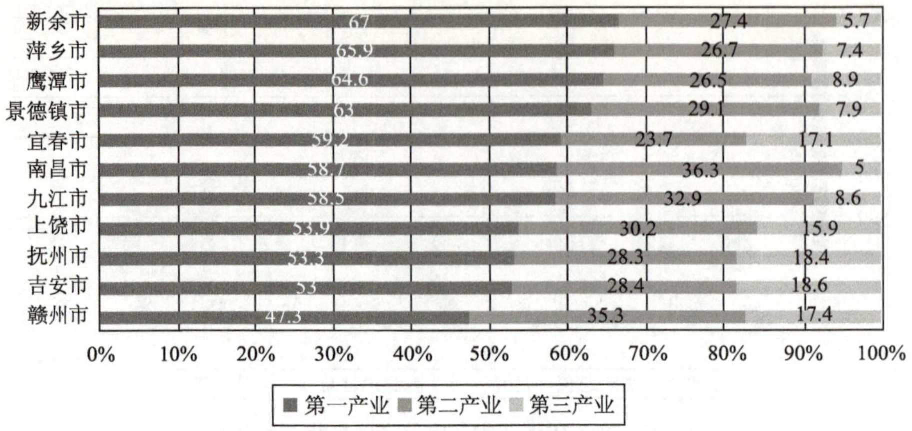

图 5-21　2011 年江西省各市三次产业结构对比

表 5-7　2011—2015 年南昌市产值与能耗变化

时间	地区生产总值（亿元）	能源消耗总量（万吨标准煤）	单位 GDP 能耗（吨标准煤/万元）	下降比率（%）	第一产业（亿元）	比重（%）	第二产业（亿元）	比重（%）	下降比率（%）	第三产业（亿元）	比重（%）
2011	2688. 87	1530. 95	0. 57		134. 92	5. 0	1579. 29	58. 7		974. 66	36. 3
2012	3000. 52	1622. 87	0. 54	5. 2	147. 19	4. 9	1693. 65	56. 4	2. 3	1159. 68	38. 7
2013	3336. 03	1587. 10	0. 48	11. 1	157. 24	4. 7	1850. 49	55. 5	0. 9	1328. 30	39. 8
2014	3667. 96	1301. 18	0. 35	27. 0	162. 72	4. 4	2017. 01	55. 0	0. 5	1488. 23	40. 6
2015	4000. 01	1377. 84	0. 34	2. 8	171. 26	4. 3	2179. 96	54. 5	0. 5	1648. 79	41. 2

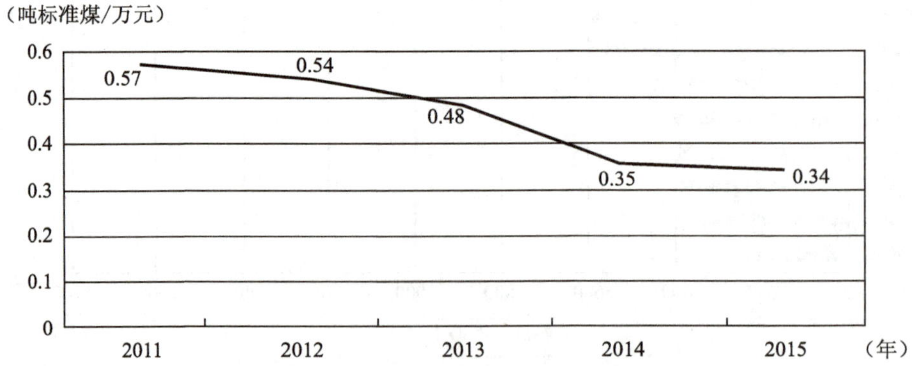

图 5-22　2011—2015 年南昌市单位 GDP 能耗变化图

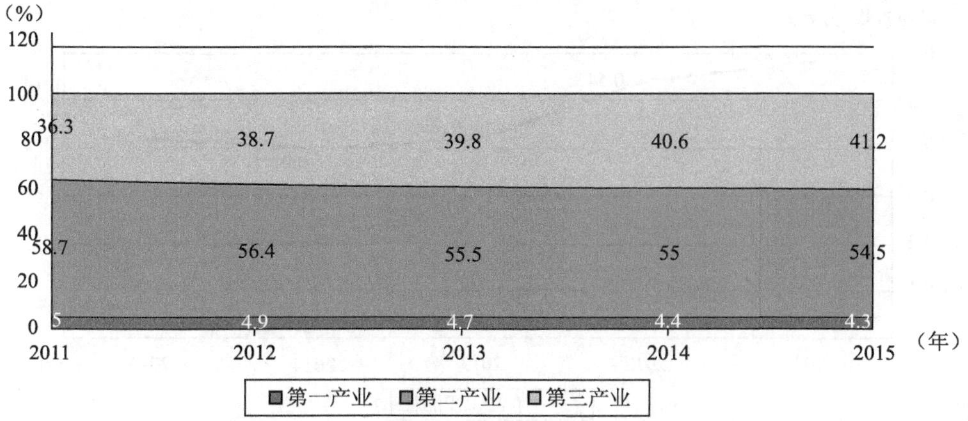

图 5-23　2011—2015 年南昌市三次产业结构变化图

由图 5-22 可知，南昌市在 2013—2015 年，在单位 GDP 能耗不算高的情况下，再次下降。由图 5-2 可知，2015 年南昌市生产总值比其他市多一倍的情况下，其能源消耗量与其他能源消耗比较大的城市基本持平，其单位 GDP 能耗只有 0.34，如表 5-2 所示。从静态上来看，南昌市以几乎相同的能源消耗量获得了其他城市 1 倍以上的经济产出。再看图 5-1 “单位 GDP 能耗下降的百分比与第二产业产值下降百分比之比”，其数值为 5.7，位列第二。由表 5-7 和图 5-23 可知，从动态上来看，意味着南昌市在发展的过程中单位 GDP 能耗的下降速度要远大于第二产业产值的下降速度，表示在其发展绿色经济的过程中，能源转化为经济的效率很高。因此，南昌市应按目前发展模式进一步优化产业结构，大力发展经济。

表 5-8　2011—2015 年赣州市产值与能耗变化

时间	地区生产总值（亿元）	能源消耗总量（万吨标准煤）	单位 GDP 能耗（吨标准煤/万元）	下降比率（%）	第一产业（亿元）	比重（%）	第二产业（亿元）	比重（%）	下降比率（%）	第三产业（亿元）	比重（%）
2011	1336.00	773.5	0.58		232.70	17.4	631.16	47.3		472.14	35.3
2012	1508.49	819.5	0.54	6.8	252.41	16.7	696.78	46.2	2.3	559.30	37.1
2013	1673.31	698.3	0.42	22.2	271.79	16.2	763.96	45.7	1.1	637.57	38.1
2014	1843.59	743.93	0.40	4.7	282.58	15.3	843.42	45.7	0	717.60	38.9
2015	1973.87	792.07	0.41	-2.5	295.56	15.0	870.46	44.1	3.5	807.85	40.9

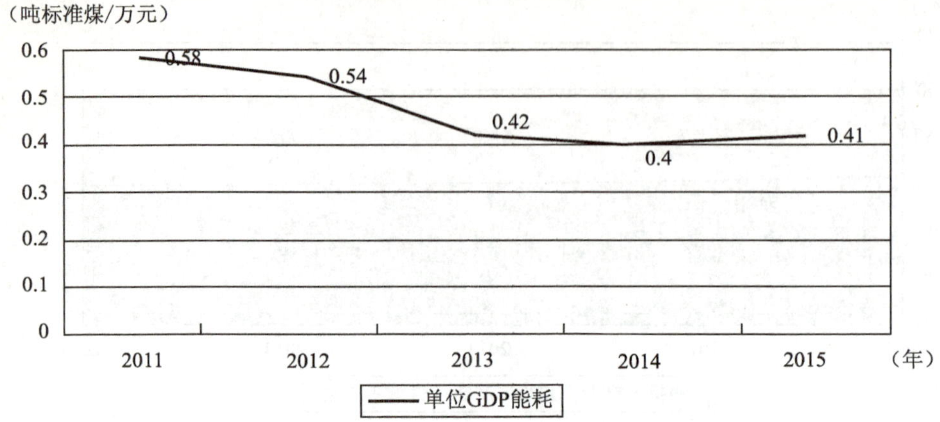

图 5-24　2011—2015 年赣州市单位 GDP 能耗变化图

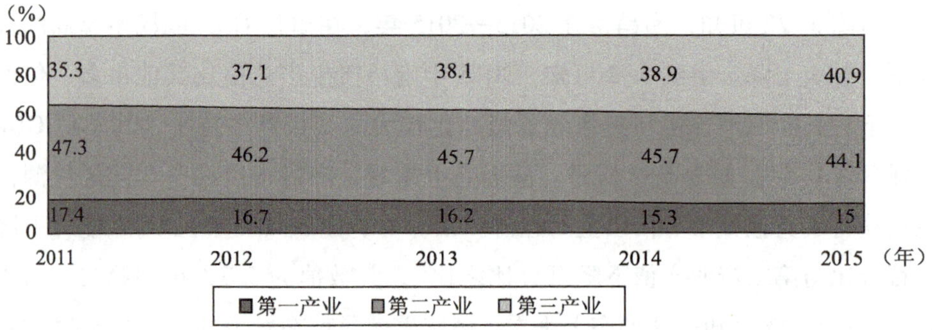

图 5-25　2011—2015 年赣州市三次产业结构变化图

由表 5-2 可知，赣州市是除了省会城市南昌市之外 GDP 最高的城市，但与之相反的是其“三次产业结构”中二次产业所占比是一直最低的。这意味着相比于其他城市，赣州市第二产业所做的经济贡献并不那么高，通过图 5-5、图 5-24、图 5-25 我们可以印证，赣州市的第一产业产值占比较高，且单位 GDP 能耗很低。从静态上来看，赣州市占比较少的第二产业，意味着能源消耗相对较少，而其发达的第一产业与快速发展的第三产业也在进一步缩减能源消耗。再看图 5-1“单位 GDP 能耗下降的百分比与第二产业产值下降百分比之比”其数值为 2. 83，位列第四，从动态上来看，其在发展过程中能以更少的能源消耗获得更多的经济产出。在本身能耗极低的情况下，发展趋势也是朝着能源消耗越来越少的方向进行，因此，赣州市应按目前发展模式进一步优化产业结构，大力发展经济。

表 5-9　2011—2015 年吉安市产值与能耗变化

时间	地区生产总值（亿元）	能源消耗总量（万吨标准煤）	单位 GDP 能耗（吨标准煤/万元）	下降比率（%）	第一产业（亿元）	比重（%）	第二产业（亿元）	比重（%）	下降比率（%）	第三产业（亿元）	比重（%）
2011	879. 06	450. 5	0. 51		163. 78	18. 6	465. 94	53. 0		249. 34	28. 4
2012	1006. 26	474. 29	0. 47	7	180. 51	18. 0	520. 59	51. 7	2. 4	305. 16	30. 3
2013	1123. 90	393. 8	0. 35	25. 5	197. 11	17. 6	575. 71	51. 2	1	351. 08	31. 2
2014	1242. 11	419. 45	0. 38	-8. 5	204. 05	16. 4	634. 30	51. 1	0. 1%	403. 77	32. 5
2015	1328. 52	444. 45	0. 33	13. 1	217. 40	16. 4	657. 38	49. 5	2. 9%	453. 74	34. 1

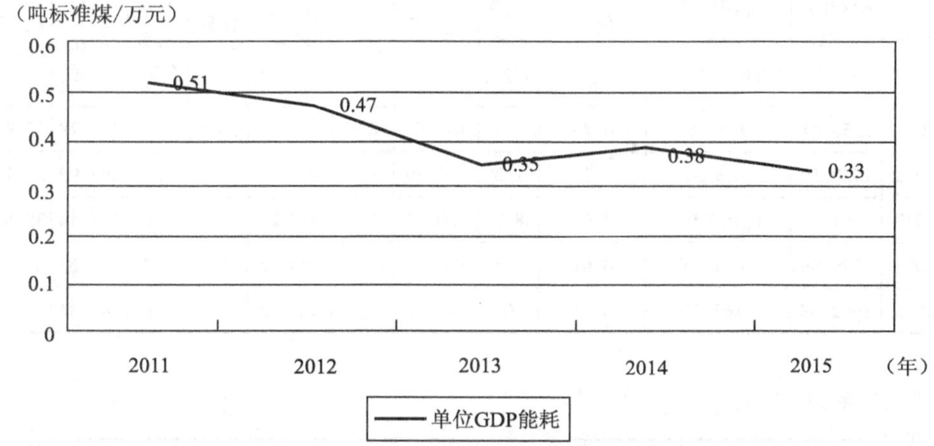

图 5-26　2011—2015 年吉安市单位 GDP 能耗变化图

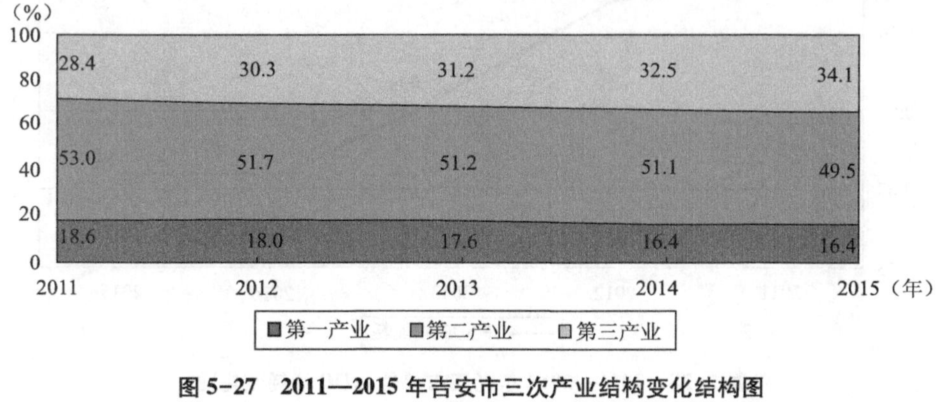

图 5-27　2011—2015 年吉安市三次产业结构变化结构图

由图 5-5、图 5-26 和图 5-27 可知，吉安市的单位 GDP 能耗极其低，而且第一产业所占的比重较高。从静态上来看，在第二产业占比较高的情况下，其能耗极低。从动态上来看，由图 5-1 “单位 GDP 能耗下降的百分比与第二产业产值下降百分比之比” 可知其比值为 11 个城市中最高，说明吉安市在发展过程中，能源转化为经济的能力是 11 个城市中最高的。在本身能耗低的情况下，其在发展趋势上是能耗转化为经济能力最强的，而且其第一产业占比很高，因此，吉安市应按目前发展模式进一步优化产业结构，大力发展经济。

表 5-10　2011—2015 年九江市产值与能耗变化

时间	地区生产总值（亿元）	能源消耗总量（万吨标准煤）	单位 GDP 能耗（吨标准煤/万元）	下降比率（%）	第一产业（亿元）	比重（%）	第二产业（亿元）	比重（%）	下降比率（%）	第三产业（亿元）	比重（%）
2011	1256. 41	918. 88	0. 73		107. 69	8. 6	735. 94	58. 5		412. 78	32. 9
2012	1420. 10	1019. 52	0. 72	1. 3	118. 29	8. 3	808. 84	57. 0	1. 5	492. 97	34. 7
2013	1601. 73	1052. 9	0. 66	8. 3	130. 05	8. 1	898. 24	56. 1	0. 9	573. 44	35. 8
2014	1779. 96	1094. 15	0. 61	7. 5	131. 38	7. 4	984. 95	55. 3	1. 4	663. 63	37. 3
2015	1902. 68	1163. 70	0. 61	0	140. 75	7. 4	1014. 59	53. 3	3. 6	747. 34	39. 3

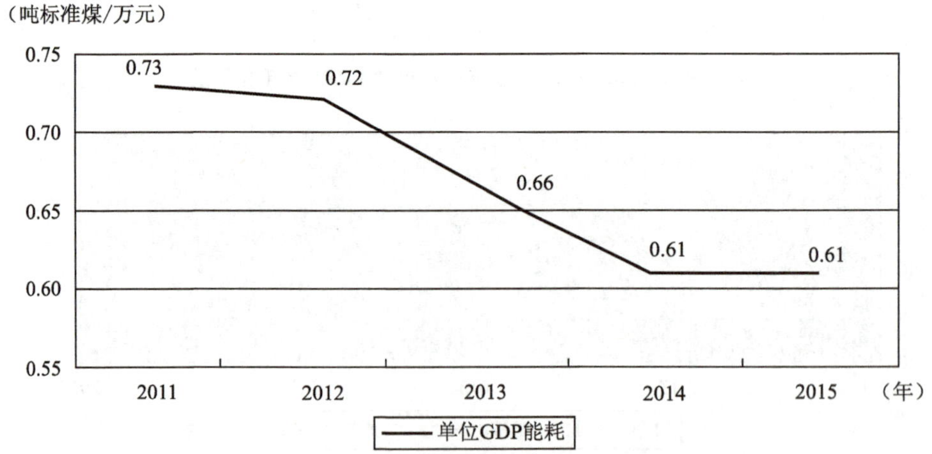

图 5-28　2011—2015 年九江市单位 GDP 能耗变化图

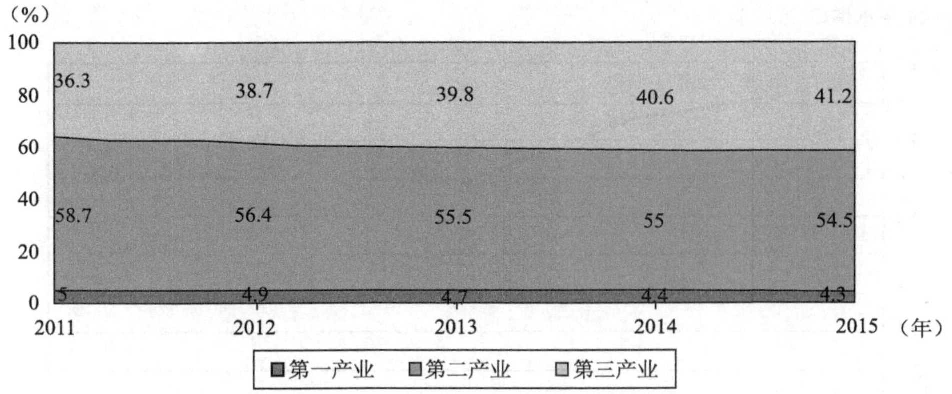

图 5-29　2011—2015 年九江市三次产业结构变化对比图

由图 5-2 可知，九江市的地区生产总值处于较高水平。作为江西省贡献较大的城市，由图 5-3、图 5-4 可知，九江市的第二产业水平较高，位列第二，且单位 GDP 能耗较高。由图 5-1 可知，其“单位 GDP 能耗下降的百分比与第二产业产值下降百分比之比”比值为 1.81，在 11 个城市中位列倒数第二。从静态上来看，其单位 GDP 能耗较高，且第二产业占比较高，说明其能源消耗情况不容乐观，如表 5-10、图 5-28、图 5-29 所示。从动态上来看，其能源转化为经济的能力比较弱；从发展趋势上来看，其之后对于能源消耗的控制力也不会太强，但是其地区产值较高，经济基础强。因此，九江市应在以保护生态节约、减少能源消耗为主要任务的基础上，再发展经济。

表 5-11　2011—2015 年宜春市产值与能耗变化

时间	地区生产总值（亿元）	能源消耗总量（万吨标准煤）	单位 GDP 能耗（吨标准煤/万元）	下降比率（%）	第一产业（亿元）	比重（%）	第二产业（亿元）	比重（%）	下降比率（%）	第三产业（亿元）	比重（%）
2011	1077.98	886.90	0.82		185.00	17.1	637.79	59.2		255.19	23.7
2012	1247.60	930.78	0.75	8.5	202.67	16.2	702.20	56.3	4.8	342.73	27.5
2013	1387.07	824.70	0.59	21.3	213.69	15.4	765.91	55.2	1.9	407.47	29.4
2014	1522.99	902.81	0.59	0.0	224.16	14.7	824.58	54.1	2.0	474.25	31.1
2015	1621.02	966.54	0.60	1.6	236.04	14.6	838.60	51.7	4.4	546.38	33.7

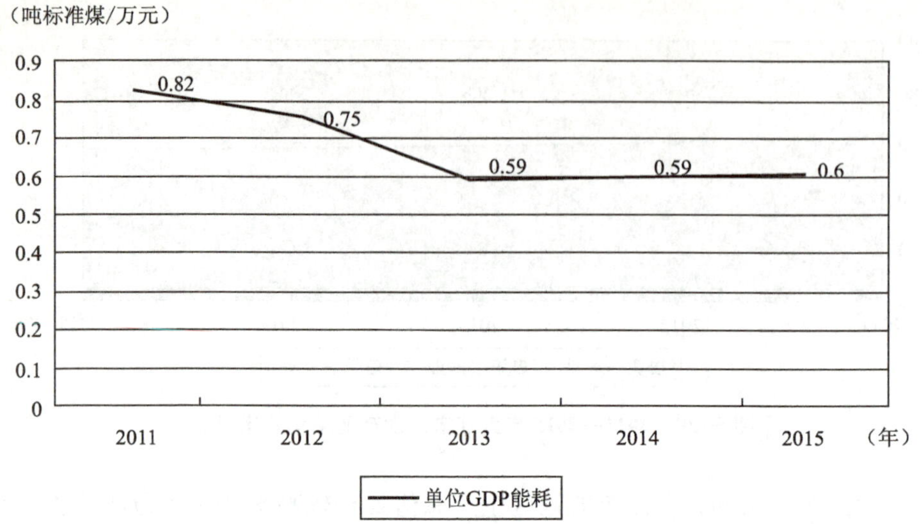

图 5-30　2011—2015 年宜春市单位 GDP 能耗变化图

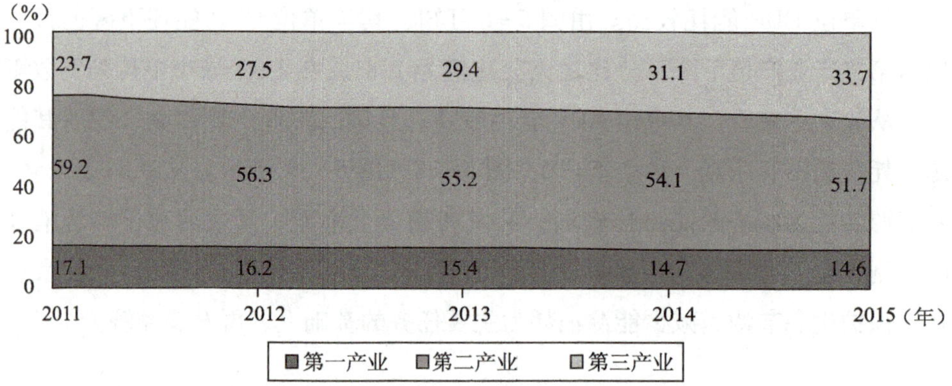

图 5-31　2011—2015 年宜春市三次产业结构变化对比图

由图 5-2 可知，宜春市在经济上对江西省的贡献和九江市一样，在所有城市中处于较高水平，且由图 5-1、图 5-3 可知，其单位 GDP 能耗以及单位 GDP 能耗下降的百分比与第二产业产值下降百分比之比与九江市极为接近。从静态上来看，其对能源的利用率处于较低水平，如表 5-11、图 5-30、图 5-31所示。从动态上来看，其在未来能源转化为经济的能力也不强。因此，宜春市应如九江市一样应在以保护生态节约、减少能源消耗为主要任务的基础上，再发展经济。

表 5-12 2011—2015 年萍乡市产值与能耗变化

时间	地区生产总值（亿元）	能源消耗总量（万吨标准煤）	单位 GDP 能耗（吨标准煤/万元）	下降比率（%）	第一产业（亿元）	比重（%）	第二产业（亿元）	比重（%）	下降比率（%）	第三产业（亿元）	比重（%）
2011	658.15	1027.13	1.56		48.97	7.4	433.44	65.9		175.74	26.7
2012	733.06	1068.73	1.46	6.4	53.12	7.2	445.68	60.8	7.7	234.26	32.0
2013	798.33	854.9	1.07	26.7	56.32	7.1	473.70	59.3	2.4	268.31	33.6
2014	864.95	895.70	1.03	3.7	58.48	6.8	509.99	59.0	0.5	296.48	34.3
2015	912.39	899.26	0.98	4.8	62.83	6.9	517.29	56.7	3.8	332.27	36.4

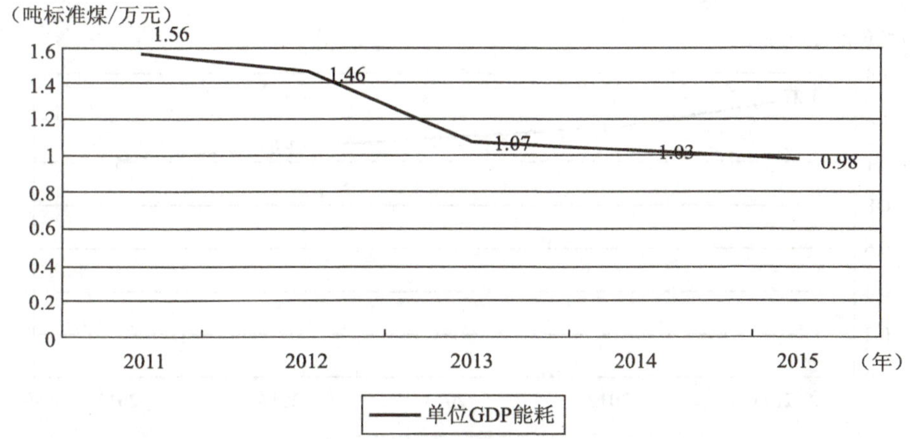

图 5-32 2011—2015 年萍乡市单位 GDP 能耗变化图

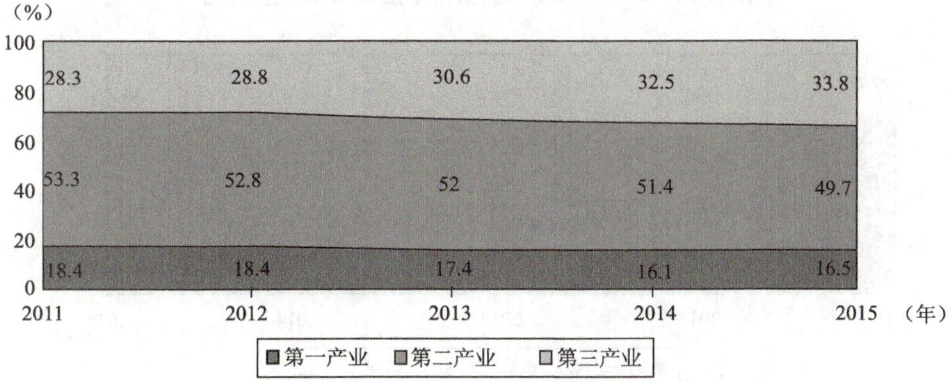

图 5-33 2011—2015 年萍乡市三次产业结构变化对比图

表 5-13　2011—2015 年新余市产值与能耗变化

时间	地区生产总值（亿元）	能源消耗总量（万吨标准煤）	单位 GDP 能耗（吨标准煤/万元）	下降比率（%）	第一产业（亿元）	比重（%）	第二产业（亿元）	比重（%）	下降比率（%）	第三产业（亿元）	比重（%）
2011	779.21	990.0	1.27		44.06	5.7	522.01	67.0		213.14	27.4
2012	830.32	954.39	1.15	9.4	48.21	5.8	502.01	60.5	9.7	280.10	33.7
2013	845.07	926.8	1.1	4.3	50.95	6.0	490.37	58.0	4.1	303.75	36.0
2014	900.27	959.82	1.06	3.6	52.59	5.8	520.43	57.8	0.3	327.25	36.4
2015	946.80	953.17	1	5.6	55.95	5.9	527.93	55.8	3.4	362.92	38.3

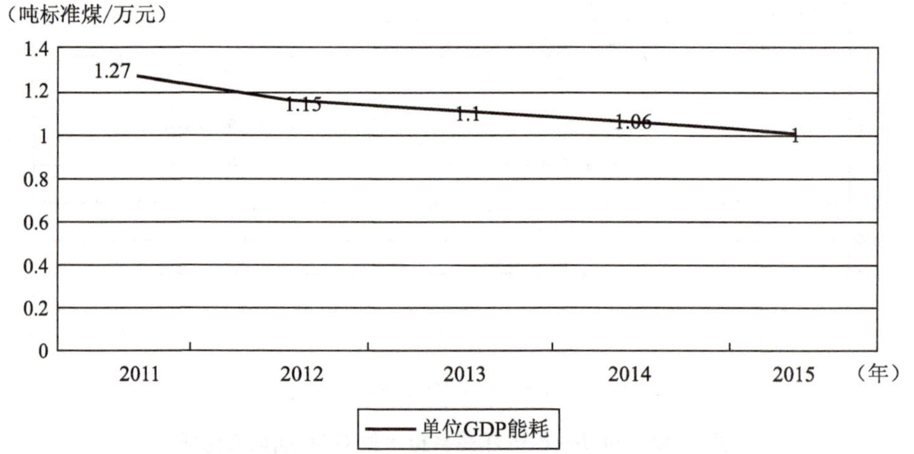

图 5-34　2011—2015 年新余市单位 GDP 能耗变化图

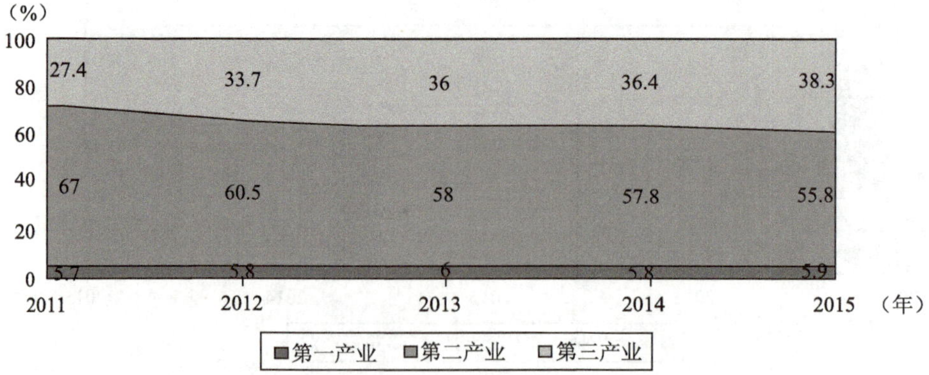

图 5-35　2011—2015 年新余市三次产业结构变化对比图

表 5-14　2011—2015 年鹰潭市产值与能耗变化

时间	地区生产总值（亿元）	能源消耗总量（万吨标准煤）	单位 GDP 能耗（吨标准煤/万元）	下降比率（%）	第一产业（亿元）	比重（%）	第二产业（亿元）	比重（%）	下降比率（%）	第三产业（亿元）	比重（%）
2011	427.59	222.90	0.52		38.14	8.9	276.17	64.6		113.28	26.5
2012	482.17	242.11	0.50	3.8	41.46	8.6	305.92	63.4	1.8	134.79	28.0
2013	553.47	239.20	0.43	14.0	44.55	8.0	346.37	62.6	1.2	162.55	29.4
2014	606.98	236.21	0.39	9.3	46.58	7.7	372.25	61.3	2.0	188.15	31.0
2015	639.26	244.60	0.38	2.5	49.40	7.7	379.57	59.4	3	210.29	32.9

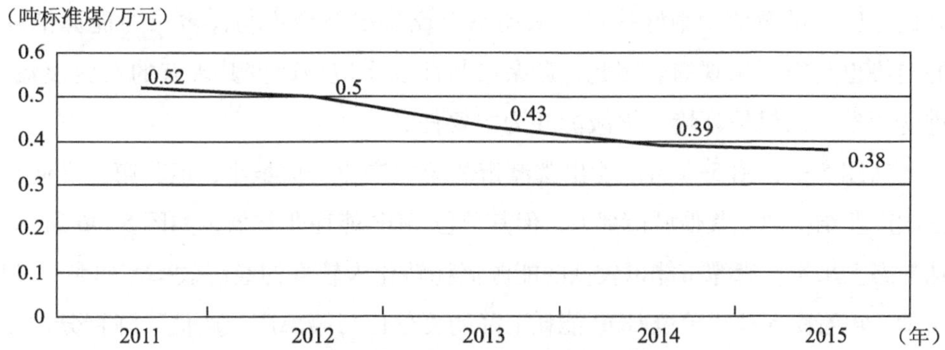

图 5-36　2011—2015 年鹰潭市单位 GDP 能耗变化图

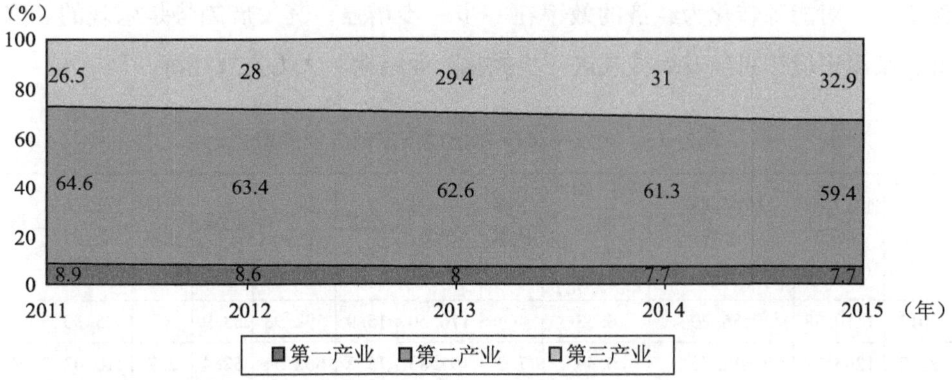

图 5-37　2011—2015 年鹰潭市三次产业结构变化对比图

从图 5-2、表 5-12 至表 5-14 可以看出，新余市、萍乡市、鹰潭市地区生产总值较低且情况特殊，将三个市放一起做对比，由图 5-3、图 5-32 和图

5-34可知，新余市与萍乡市的单位 GDP 能耗极高，比其他城市高出一倍左右。图 5-5 显示新余市与萍乡市的第二产业占比较高，但是由图 5-4 可知虽然在本身城市占比较高，但是其数值对比其他城市是较低的，对于整个江西省的 GDP 贡献也是极低的。从静态上看，新余市与萍乡市在经济贡献很少的情况下，却以比起他市多一倍的速度消耗能源。再看图 5-1“单位 GDP 能耗下降的百分比与第二产业产值下降百分比之比”新余市的数值为 1.31，在 11 个城市中是最低的，意味着在其发展过程中随着第二产业所占比例的下降，在能源消耗方面，节约能力以及转化为经济的能力是最低的。萍乡市的情况也和新余市一样，只有“单位 GDP 能耗下降的百分比与第二产业产值下降百分比之比”的数值稍微好一点，从动态上反映出新余市与萍乡市对能源消耗的趋势也是很不乐观的。因此，新余市与萍乡市应该改变其现有的发展模式，进行调整，以保护环境，缩减能耗为主要任务。

从图 5-4、图 5-5 可以看出鹰潭市的第二产业产值虽小，但其第二产业在三次产业结构中比其他城市都大，但其单位 GDP 能耗非常低，如图 5-36 所示。从静态上来看，鹰潭市能以较低的能源消耗转化为较高的经济效率，如表 5-14 所示。再看图 5-1“单位 GDP 能耗下降的百分比与第二产业产值下降百分比之比”其数值为 3.37 在 11 个城市中位列第三，可以从动态上看出其在发展绿色经济中，对能源转化为经济的效率在一步一步增强，其发展趋势是乐观的。因此，鹰潭市应按目前发展模式进一步优化产业结构，大力发展经济。

表 5-15　2011—2015 年上饶市产值与能耗变化

时间	地区生产总值（亿元）	能源消耗总量（万吨标准煤）	单位 GDP 能耗（吨标准煤/万元）	下降比率（%）	第一产业（亿元）	比重（%）	第二产业（亿元）	比重（%）	下降比率（%）	第三产业（亿元）	比重（%）
2011	1110.58	586.20	0.53		176.50	15.9	598.98	53.9		335.10	30.2
2012	1265.39	613.76	0.49	7.5	192.83	15.2	662.54	52.4	2.7	410.02	32.4
2013	1401.31	608.60	0.43	12.2	207.15	14.8	715.45	51.1	2.4	478.72	34.1
2014	1550.24	642.43	0.41	4.6	213.26	13.8	779.01	50.3	1.5	557.97	36.0
2015	1650.81	680.29	0.41	0	222.80	16.5	803.38	48.7	3.1	624.62	37.8

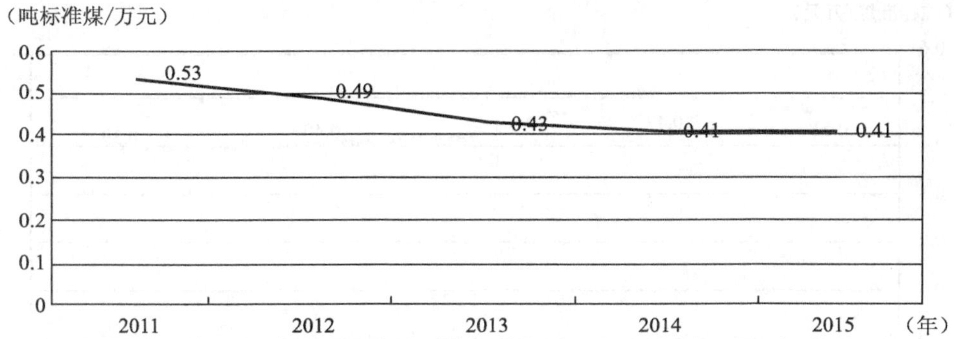

图 5-38　2011—2015 年上饶市单位 GDP 能耗变化图

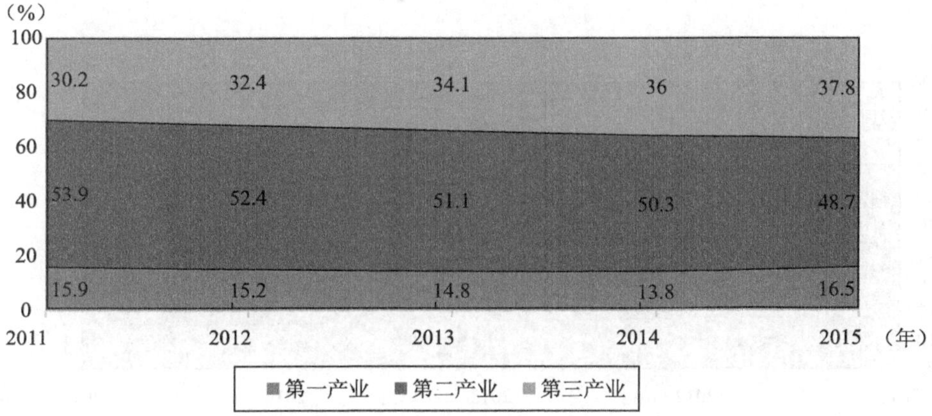

图 5-39　2011—2015 年上饶市三次产业结构变化对比图

表 5-16　2011—2015 年抚州市产值与能耗变化

时间	地区生产总值（亿元）	能源消耗总量（万吨标准煤）	单位 GDP 能耗（吨标准煤/万元）	下降比率（%）	第一产业（亿元）	比重（%）	第二产业（亿元）	比重（%）	下降比率（%）	第三产业（亿元）	比重（%）
2011	742. 51	384. 7	0. 47		136. 89	18. 4	395. 61	53. 3		210. 01	28. 3
2012	825. 04	420. 83	0. 51	-8. 5	152. 00	18. 4	435. 93	52. 8	0. 9	237. 11	28. 8
2013	940. 64	391. 7	0. 42	17. 6	163. 48	17. 4	489. 02	52. 0	1. 5	288. 14	30. 6
2014	1036. 77	412. 00	0. 40	4. 7	166. 48	16. 1	532. 86	51. 4	1. 1	337. 43	32. 5
2015	1105. 14	432. 79	0. 39	2. 5	181. 81	16. 5	549. 30	49. 7	3. 3	374. 02	33. 8

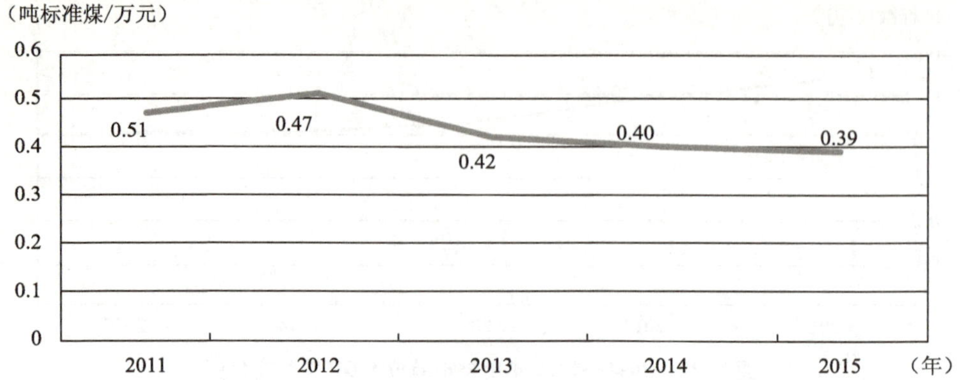

图 5-40　2011—2015 年抚州市单位 GDP 能耗变化图

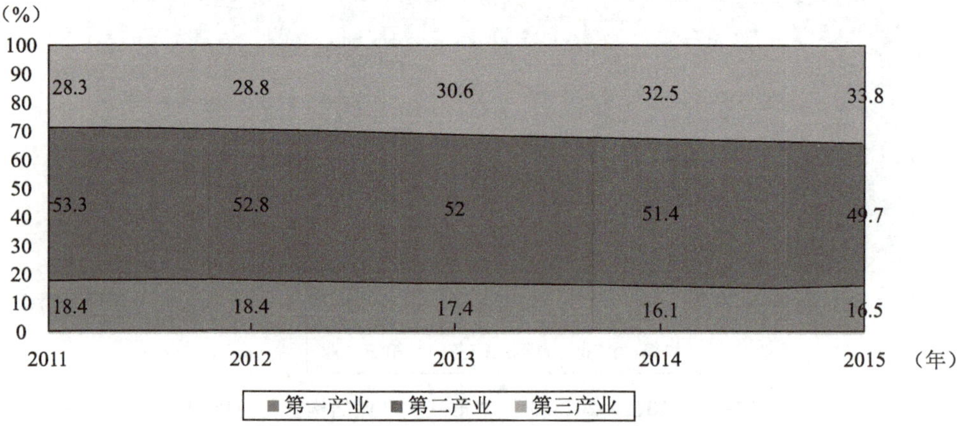

图 5-41　2011—2015 年抚州市三次产业结构变化对比图

由表 5-2、表 5-15、表 5-16、图 5-39、图 5-41 可知，上饶市与抚州市在所有城市中第一产业占比较高且其第三产业增幅较大。从静态上来看，其单位 GDP 能耗处于较低水平（见图 5-38、图 5-40），第一产业发达，在其能源消耗上要弱于其他城市；从动态上来看，两个城市其“单位 GDP 能耗下降的百分比与第二产业产值下降百分比之比”的数值处于中游水平（见图 5-1），表示其能源转化为经济的能力处于正常水平。因此，上饶市与抚州市应在保护生态与第一产业的情况下，减少能源消耗，发展经济。

第二节　产业调整

一、江西省生态文明示范区各地区产业的指标选择及分析方法

2011—2015 年江西省第一产业整体能源消耗强度处于下降的状态，2015 年为 0.07 吨标准煤/万元。因此，在以下分析江西省各地区第一产业时，可以将第一产业的能源消耗认定为是处在合理的范围内。因为第一产业作为基础产业对产业的拉动有限，所以在本书中不做过多分析。

第二产业和第三产业是建设生态文明城市的两个关键产业，本部分主要采用具体行业数据与分析相结合的方法，对江西省各地区第二产业的数据进行着重分析，同时提出发展的对策建议。鉴于江西省提出建设生态文明的口号，而第三产业是绿色发展的重要产业，因此，下文也会根据江西省各地区第三产业的发展进行分析和论述，丰富产业调整的内容。

产业指标的选择标准

江西省各地区在建设生态文明的过程中要着重考虑三个方面的因素：第一，考虑产业发展特征，结合江西省生态文明的发展目标，要选择需求广、发展前景好的产业，突出生态文明建设；第二，产业选择是一个地区性和区域性的问题，要充分考虑各地区产业发展基础；第三，在产业选择上要注重比较优势以及与城市的融合性。

本着以上三个原则本书设立了生态文明产业选择的 7 个指标。具体设定如下：

1. 产值附加率（X_1）

产业的附加值率越高，其未来发展潜力越大。

$$产值附加率 = \frac{某一产业部门的增加值}{该产业部门的产值}$$

2. 全员劳动生产率（X_2）

全员劳动生产率是指根据产品的价值量指标计算的平均每一个从业人员在单位时间内的产品生产量。它是考核企业经济活动的重要指标，是企业生产技术水平、经营管理水平、职工技术熟练程度和劳动积极性的综合表现。

$$全员劳动生产率=\frac{产业部门的产值增加值}{产业部门的年平均劳动力人数}$$

3. 总产值比重（X_3）

区域内的总产值是反映各产业生产活动成果的综合性指标，表明各产业在一定时间内生产发展的总规模、总水平，而总产值比重反映了产业之间的相对规模及量的支柱性地位。

$$总产值比重=\frac{某个产业的工业产值}{工业总产值}$$

4. 工业增长速度（X_4）

工业企业与上年度（或其他年份的基准）相比的增长速度，是衡量工业企业经济效益的重要指标，反映了工业企业生产新价值的能力。

$$工业增加值增长速度=\left(\frac{报告期工业增加值}{上期工业增加值}-1\right)\times 100\%$$

5. 就业人数比重（X_5）

在产业结构的调整中，劳动力就业结构是一项重要内容。巨大的就业压力和经济社会影响，使得产业的就业功能成为选择产业的一个重要特点。

$$就业人数比重=\frac{某产业的从业人员年平均人数}{工业从业人员的年均总数}$$

6. 能源消费总量（X_6）

能源消费总量是指一定时期内，各行业和居民生活消费的各种能源的总和。该指标是观察能源消费水平、构成和增长速度的总量指标。

7. 单位工业增加值能耗（X_7）

单位工业增加值能耗是指一定时期内，一个国家或地区每生产一个单位的工业增加值所消耗的能源。

$$单位工业增加值能耗 = \frac{工业能源消费量}{工业增加值}$$

需要注意的是，在数据收集过程中抚州市规模以上工业企业的能源数据没有找到，因此只用了5个指标来计算。但由于抚州市单位GDP能耗较低，第二产业发展较弱，在产业调整分析时的影响可以忽略。景德镇市和萍乡市的陶瓷产业、炸药、火工及焰火产品制造、水泥、石灰和石膏制造的能耗数据在这两市的统计年鉴中未标出，为了不影响整体的综合评分，在计算时删除了这些产业，但在分析产业时使用了这些产业其他可使用的指标。

二、计算江西省各个城市不同行业发展水平的综合评分的方法

在本书的第四章，世界主要发达国家生态文明与能源消耗的演变分析部分利用了熵值法计算生态文明综合评分。这种方法能够以不受人为主观因素的影响为前提，客观确定指标的权重。本章节以上述的7个指标为基础，并以各个制造行业为样本，分别计算出某个城市中能够评价各个行业发展水平的上述7个指标的权重，进而根据这个权重计算得出某个城市不同行业发展水平的综合评分。

为了去除数据的量纲，本书根据第四章改正后熵值法的处理方法，对数据先进行标准化处理。根据式4-6和式4-7，对正负指标以不同的方法进行处理，即对正指标给予更多的权重，对负指标给予更少的权重。

三、江西省各地区产业调整分析及建议

表5-17　南昌市各行业综合评价结果

行业分类	X1	X2	X3	X4	X5	X6	X7	综合得分	排名
计算机、通信和其他电子设备制造业	0.305	6.07	7.91%	20.63	13.66%	110720	0.084	0.089	1
汽车制造业	0.242	5.17	12.08%	10.49	11.64%	162743	0.102	0.087	2
电力、热力生产和供应业	0.162	2.22	8.83%	387.88	4.99%	2349102	2.999	0.071	3

续表

行业分类	X1	X2	X3	X4	X5	X6	X7	综合得分	排名
农副食品加工业	0.231	2.99	14.06%	18.76	6.74%	155229	0.087	0.070	4
纺织服装、服饰业	0.243	4.85	5.97%	16.97	10.91%	45727	0.057	0.070	5
医药制造业	0.271	2.96	6.16%	14.07	6.67%	114378	0.125	0.052	6
电气机械和器材制造业	0.240	2.16	5.96%	25.56	4.86%	55420	0.071	0.044	7
烟草制品业	0.757	0.56	3.00%	-7.65	1.27%	21263	0.017	0.038	8
专用设备制造业	0.235	2.24	3.20%	3.79	5.03%	38589	0.094	0.036	9
非金属矿物制品业	0.233	1.76	4.56%	15.15	3.96%	170860	0.293	0.036	10
化学原料和化学制品制造业	0.364	1.23	2.80%	18.12	2.77%	50470	0.091	0.031	11
通用设备制造业	0.361	1.29	2.46%	8.49	2.91%	35485	0.073	0.030	12
金属制品业	0.169	1.45	3.70%	13.06	3.27%	39673	0.116	0.028	13
纺织业	0.384	1.03	1.06%	16.58	2.31%	42177	0.189	0.026	14
有色金属冶炼和压延加工业	0.221	1.18	2.60%	2.76	2.66%	123246	0.391	0.024	15
食品制造业	0.229	1.09	2.38%	6.10	2.45%	27435	0.092	0.023	16
印刷和记录媒介复制业	0.302	0.85	1.93%	-1.78	1.91%	18034	0.057	0.022	17
橡胶和塑料制品业	0.253	0.83	2.17%	16.49	1.88%	42271	0.141	0.022	18
酒、饮料和精制茶制造业	0.287	0.88	1.29%	4.04	1.99%	51222	0.252	0.021	19
造纸和纸制品业	0.298	0.44	1.64%	10.91	0.98%	486234	1.810	0.018	20
文教、工美、体育和娱乐用品制造业	0.306	0.50	1.00%	14.85	1.12%	8130	0.048	0.017	21
黑色金属冶炼和压延加工业	0.184	0.83	1.77%	-23.89	1.87%	2705430	15.138	0.014	22
铁路、船舶、航空航天和其他运输设备制造业	0.256	0.13	0.18%	-47.33	0.29%	2566	0.100	0.006	23

由表 5-2 可知，2015 年南昌市生产总值为 4000.01 亿元，三次产业结构为 4.3 : 54.5 : 41.2，是江西省内三产比最优的城市。能耗总量为 1377.84 万吨标准煤，单位 GDP 能耗为 0.34 吨标准煤/万元，是江西省单位 GDP 能耗第二少的城市。根据 2016 年南昌市统计年鉴的数据计算，仅规模以上工业企业的能源消耗就约占南昌市能耗总量的 50%。因此，南昌市在建设生态文明示

范区的规划中可以在第二产业和第三产业中做出一些调整。

通过表 5-17 可以看出，农副食品加工业，汽车制造业，计算机、通信和其他电子设备制造业，医药制造业，纺织服装、服饰业这 5 个行业在工业总产值比重、就业人数比重和全员劳动生产率这 3 个指标中都非常突出。但其中医药制造业和汽车制造业的单位工业增加值能耗相较上述其他 3 个行业数值稍高。纺织服装、服饰业，电气机械和器材制造业在单位工业增加值、全员劳动生产率和就业人数比重中有明显优势。黑色金属冶炼和压延加工业能源消耗量为 2705429 吨标准煤，而工业产值只占南昌市规模以上工业总产值的 1.77%，其产生的经济效益与能源消耗完全不匹配。由于航空航天产业在南昌市刚开始发展，大部分指标都很低，导致最后综合排名靠后，但是其单位工业增加值能耗处于一个理想状态。而南昌市的固定资产投资环比上年增长了 87%，是南昌市增长最多的行业。因此，从长远来看，该行业在建设生态文明示范区方面具有优势。

南昌市第三产业主要以生活型服务为主，2015 年生产性服务业占南昌市市 GDP 比重仅为 19.5%，生产性服务业占第三产业的比重为 47.3%，占比明显偏低。除商业、餐饮业、公路运输业等传统生活性服务行业市场化程度较高外，信息服务、技术服务、广告产业、金融业等新兴第三产业的市场化、产业化程度都较低。因此，应该重点布局发展金融、旅游、文化、物流、健康服务业、服务外包、电子商务等。

表 5-18　九江市各行业综合评价结果

行业分类	X1	X2	X3	X4	X5	X6	X7	综合得分	排名
纺织服装、服饰业	0.209	21.80	9.75%	2.7	13.94%	22773	0.023	0.086	1
纺织业	0.197	22.39	9.35%	12.1	12.29%	142363	0.159	0.079	2
电气机械和器材制造业	0.206	31.57	9.18%	0.7	8.93%	75352	0.082	0.069	3
非金属矿物制品业	0.228	37.27	9.11%	11.7	8.33%	1706079	1.685	0.067	4
石油加工、炼焦和核燃料加工业	0.176	150.46	5.93%	12.7	1.04%	1089497	2.138	0.059	5
化学原料和化学制品制造业	0.202	42.17	8.26%	11.8	5.91%	28574	0.035	0.058	6

续表

行业分类	X1	X2	X3	X4	X5	X6	X7	综合得分	排名
农副食品加工业	0. 191	55. 29	5. 21%	13. 1	2. 68%	12663	0. 026	0. 040	7
黑色金属冶炼和压延加工业	0. 195	52. 35	4. 93%	37	2. 74%	2510699	5. 370	0. 037	8
通用设备制造业	0. 212	43. 92	3. 05%	16. 1	2. 20%	6758	0. 021	0. 029	9
计算机、通信和其他电子设备制造业	0. 219	29. 19	2. 92%	0. 8	3. 28%	7857	0. 025	0. 029	10
金属制品业	0. 250	36. 25	2. 69%	7. 1	2. 78%	9044	0. 028	0. 028	11
有色金属冶炼和压延加工业	0. 179	35. 88	3. 22%	1. 9	2. 40%	43418	0. 155	0. 027	12
有色金属矿采选业	0. 326	57. 52	1. 58%	19	1. 33%	97237	0. 389	0. 026	13
文教、工美、体育和娱乐用品制造业	0. 168	24. 71	2. 75%	5. 1	2. 79%	14371	0. 064	0. 024	14
医药制造业	0. 286	34. 89	1. 73%	30. 4	2. 12%	439215	1. 818	0. 023	15
铁路、船舶、航空航天和其他运输设备制造业	0. 191	15. 66	1. 76%	-17. 7	3. 22%	8271	0. 050	0. 021	16
造纸和纸制品业	0. 313	37. 99	1. 26%	16. 7	1. 55%	179611	0. 936	0. 021	17
皮革、毛皮、羽毛及其制品和制鞋业	0. 314	23. 74	1. 12%	8. 2	2. 22%	6322	0. 037	0. 019	18
汽车制造业	0. 180	19. 40	1. 68%	25. 9	2. 34%	8955	0. 061	0. 019	19
专用设备制造业	0. 198	31. 93	1. 59%	9. 9	1. 47%	8955	0. 058	0. 018	20
橡胶和塑料制品业	0. 233	24. 45	1. 44%	9. 3	2. 05%	1706079	10. 420	0. 017	21
化学纤维制造业	0. 190	29. 19	1. 40%	5. 2	1. 36%	24165	0. 187	0. 017	22
印刷和记录媒介复制业	0. 100	11. 82	1. 13%	20. 8	1. 43%	9106	0. 166	0. 010	23
黑色金属矿采选业	0. 256	11. 68	0. 05%	-78. 8	0. 18%	22554	3. 285	0. 004	24

由表 5-2 可知，2015 年，九江市的地区生产总值为 1902. 68 亿元，在江西省位居第 3 位。三次产业结构比为 7. 4：53. 3：39. 3。能耗总量为 1163. 70 万吨标准煤，单位 GDP 能耗为 0. 61 吨标准煤/万元，在江西省内的能耗强度处于高位。根据 2016 年九江市统计年鉴的数据计算，仅规模以上工业企业的能源消耗就占了九江市能耗总量的 74%。可以看出，能源在第二产业的利用中有待改进，而第一产业、第三产业产的资金投入可以适当提升。

通过表 5-18 可以看出，纺织服装、服饰业，纺织业，电气机械和器材制造业，非金属矿物制品业在规模以上工业总产值中占比均为 9%以上，且之间差别不大。能耗方面，非金属矿物制品的能耗比其他三个行业总和的 7 倍还要多，达到 1706079 吨标准煤，单位工业增加值能耗也不理想，为 1.69 吨标准煤/万元。可以考虑适当放缓该行业的发展，或者进行产业升级，降低能耗。从能源消耗量方面看，黑色金属冶炼和压延加工业，橡胶和塑料制品业，非金属矿物制品业，石油加工、炼焦和核燃料加工业不管是消费量还是单位增加值能耗都位列前茅，其中，橡胶和塑料制品业的产值仅为 1.44%，对九江市的经济产值贡献不高，在考虑生态文明建设的情况下，该产业应当逐渐迁出。综合排名第 5、第 6、第 7 位的石油加工、炼焦和核燃料加工业，化学原料和化学制品制造业，农副食品加工业，后两者的各项指标均处于上游水平。而石油加工、炼焦和核燃料加工业则能耗高，产值只有 5.21%，就业人数比重也不高，但是它的产业劳动生产率为 150.46，与其他行业相比尤为突出，说明该行业在九江市科技含量高，行业发展潜力大。石油化工作为九江市的传统行业，有一定保留发展的必要。

表 5-19　新余市各行业综合评价结果

行业分类	X1	X2	X3	X4	X5	X6	X7	综合得分	排名
黑色金属冶炼和压延加工业	0.187	24.83	24.71%	10.3	24.25%	4862476	7.045	0.151	1
化学原料和化学制品制造业	0.310	27.13	15.66%	-21.4	23.29%	632867	0.874	0.124	2
石油加工、炼焦和核燃料加工业	0.310	346.88	0.19%	-29.9	0.02%	16277	1.877	0.076	3
计算机、通信和其他电子设备制造业	0.457	29.32	2.49%	156.7	5.06%	7000	0.041	0.046	4
黑色金属矿采选业	0.234	44.79	6.35%	19.3	4.32%	45960	0.207	0.046	5
纺织业	0.259	35.86	4.93%	19.4	4.64%	12049	0.063	0.041	6
电气机械和器材制造业	0.184	24.48	5.34%	6.1	5.25%	10536	0.072	0.040	7
有色金属冶炼和压延加工业	0.155	36.19	6.68%	-29.5	3.72%	16629	0.108	0.039	8
非金属矿物制品业	0.230	23.23	3.68%	12.1	4.75%	327954	2.591	0.035	9
农副食品加工业	0.107	43.83	5.66%	10.1	1.81%	5028	0.055	0.034	10

续表

行业分类	X1	X2	X3	X4	X5	X6	X7	综合得分	排名
金属制品业	0.178	36.29	3.55%	27.7	2.28%	12541	0.132	0.030	11
汽车制造业	0.155	35.85	1.45%	91.4	0.82%	1815	0.054	0.023	12
纺织服装、服饰业	0.235	29.54	1.74%	23.7	1.81%	3897	0.064	0.023	13
医药制造业	0.191	38.64	1.48%	34.3	0.95%	2668	0.063	0.021	14
煤炭开采和洗选业	0.338	15.55	1.02%	4	2.90%	34019	0.659	0.021	15
文教、美工、体育和娱乐用品制造业	0.082	17.81	2.67%	17.5	1.59%	4178	0.128	0.020	16
橡胶和塑料制品业	0.230	37.88	1.08%	25	0.86%	6706	0.180	0.020	17
通用设备制造业	0.164	25.78	1.57%	33.4	1.30%	2850	0.074	0.019	18
专用设备制造业	0.075	6.04	1.38%	20.6	2.25%	1510	0.097	0.016	19

由表 5-2 可知，2015 年，新余市的地区生产总值为 946.80 亿元，能源消耗量为 953.17 万吨标准煤，单位 GDP 能耗 1 吨标准煤/万元，能耗强度在江西省位列第一位。新余市的整体情况类似于九江市，第二产业占总产值超过 55%，规模以上工业企业的能源消耗量超过新余市整体的将近 75%。第二产业的能源利用非常的低，第一产业由于地理、资源等因素没有调整空间。因此，新余市应该加速推动第三产业的发展，以此来减缓能源消耗的压力。

通过表 5-19 可以看出，新余市第二产业的产值主要来源于黑色金属冶炼和压延加工业，化学原料和化学制品制造业，这两个行业的产值超过规模以上工业企业总产值的 40%。能源消耗主要集中在黑色金属冶炼和压延加工业，化学原料和化学制品制造业，非金属矿物制品业，这三个行业的能耗总值占新余市规模以上工业企业能耗总量的约 83%。其中，黑色金属冶炼和压延加工业和非金属矿物制品业的单位工业增加值分别为 7.045 吨标准煤/万元和 2.591 吨标准煤/万元，能源利用率不乐观。黑色金属冶炼和压延加工无论是在产值上，还是在就业人数上都占据新余市 1/5 的比重，属于经济和就业的支柱产业，在现阶段不可替代。因此，可以考虑通过产业升级的方式降低能源消耗。非金属矿物制品业对新余市经济贡献度不高，能耗又居高不下，可以适当减缓发展石油加工、炼焦和核燃料加工业，非金属矿采选业这类高能耗行业在新余的工业产值中占比不高，规模也不大，迁出此类行业对新余市经济整体影响不大，还能降低整体的能源消耗。电气机械和器材制造业，纺织业，服装业，计算机、通信和其他电子设备制造业等行业在表5-19中7个指标中均有较好的表现，可以考虑加大投资，重点发展。

由图5-35可知，新余市第三产业的比重为38.3%，低于全省水平。新余市服务业总量不大、重点项目不多、结构不合理、起步晚。但新余市有扎实的工业基础，电子商务、信息咨询服务等与第二产业结合紧密的生产性服务行业则会拥有良好的发展空间。

表5-20 鹰潭市各行业综合评价结果

行业分类	X1	X2	X3	X4	X5	X6	X7	综合得分	排名
有色金属冶炼和压延加工业	0.125	62.35	75.29%	11.5	46.80%	768561	0.293	0.602	1
电气机械和器材制造业	0.010	18.40	12.27%	-3.1	12.59%	47090	0.226	0.089	2
仪器仪表制造业	0.004	16.71	1.37%	12.2	5.59%	9170	0.109	0.030	3
化学原料和化学制品制造业	0.003	20.00	1.57%	2.5	3.77%	150695	2.224	0.025	4
文教、工美、体育和娱乐用品制造业	0.003	21.14	0.82%	24.6	3.06%	8771	0.151	0.024	5
纺织业	0.000	20.93	0.24%	89.4	0.52%	2534	0.260	0.023	6
纺织服装、服饰业	0.001	7.82	0.49%	14.6	4.06%	3002	0.105	0.018	7
非金属矿物制品业	0.002	19.54	0.89%	4.6	2.34%	23910	0.582	0.017	8
专用设备制造业	0.001	22.02	0.76%	16.7	1.29%	3612	0.141	0.016	9
计算机、通信和其他电子设备制造业	0.001	10.31	0.36%	11.3	2.92%	1867	0.069	0.015	10
金属制品业	0.000	9.31	0.15%	54.5	0.73%	806	0.131	0.015	11
有色金属矿采选业	0.001	48.33	0.19%	-1.4	0.45%	4935	0.252	0.013	12
通用设备制造业	0.001	5.52	0.49%	0.2	3.31%	6764	0.412	0.012	13
医药制造业	0.001	13.65	0.42%	-7.7	2.08%	9666	0.378	0.011	14
汽车制造业	0.001	10.48	0.45%	8.2	1.41%	871	0.065	0.011	15
橡胶和塑料制品业	0.001	12.99	0.42%	6.2	1.12%	1224	0.094	0.010	16
农副食品加工业	0.001	15.92	0.68%	-8.8	1.23%	2870	0.163	0.009	17

续表

行业分类	X1	X2	X3	X4	X5	X6	X7	综合得分	排名
食品制造业	0.001	21.99	0.08%	5.7	0.59%	1634	0.141	0.009	18
皮革、毛皮、羽毛及其制品和制鞋业	0.000	3.46	0.17%	0.8	2.59%	1244	0.154	0.009	19
木材加工和木、竹、藤、棕、草制品业	0.000	12.89	0.04%	2.9	0.31%	143	0.040	0.006	20

由表 5-2 可知，2015 年，鹰潭市的地区生产总值为 639.26 亿元，第二产业比重接近 60%，第三产业的比重为全省最低，是一个典型的以工业为主的城市。但与新余市能源消耗有明显的差异，单位 GDP 能耗只有 0.38 吨标准煤/万元，整体的能源利用率与城市经济发展达到了一个较好的状态。

通过表 5-20 可以看出，有色金属冶炼和压延加工业，电气机械和器材制造业的产值达到鹰潭市规模以上工业企业总产值的 87%，而能源消耗量却不到规模以上工业的 10%。由此看来，这两个行业在鹰潭市建设生态文明示范城市中有绝对的优势。2015 年，鹰潭市人均 GDP 为 8923 美元，高于江西省标准，在全省位列第三名。因此，鹰潭市在发展有色金属冶炼和压延加工业，电气机械和器材制造业的基础上，还可发展一些产业附加值高、全员劳动生产率高、单位增加值能耗低的产业，类似汽车制造业，计算机、通信和其他电子设备制造业等行业。

由图 5-37 可知，鹰潭市第三产业在三次产业结构中仅占 32.9%，且增速缓慢，2015 年比 2014 年环比增长 9.8%，在江西省排名倒数第三位。投资增长速度为 11.3%，在江西省各地市中也处于较后的位置，较其本身第二产业的 16.9%也有一定差距。鹰潭市第三产业主要以交通运输、仓储邮政业、批零住餐业、金融业为主，其中，批零住餐业在第三产业中占了 25%。第三产业的发展多为生活型服务业，而生产型服务业与其先进的制造业发展不紧密，应重点发展物流、金融、电子商务等行业。

表 5-21　吉安市各行业综合评价结果

行业分类	X1	X2	X3	X4	X5	X6	X7	综合得分	排名
仪器仪表制造业	20.622	20.62	0.10%	29.5	0.19%	1498	0.002	0.113	1
计算机、通信和其他电子设备制造业	3.005	3.00	12.32%	23.6	18.15%	71864	0.006	0.086	2
电气机械和器材制造业	1.489	1.49	9.53%	13.5	11.81%	50711	0.012	0.054	3
有色金属冶炼和压延加工业	1.998	2.00	11.87%	8.2	2.98%	63322	0.009	0.051	4
化学原料和化学制品制造业	2.669	2.67	8.78%	16.1	6.72%	263116	0.037	0.049	5
皮革、毛皮、羽毛及其制品和制鞋业	2.935	2.93	4.52%	8.6	9.60%	30709	0.008	0.044	6
农副食品加工业	2.104	2.10	7.48%	11.4	4.35%	41516	0.009	0.038	7
纺织服装、服饰业	1.843	1.84	4.77%	10.4	7.91%	14460	0.005	0.035	8
非金属矿物制品业	2.319	2.32	4.20%	13.4	6.06%	699786	0.238	0.032	9
纺织业	2.831	2.83	3.74%	6.1	3.96%	11644	0.004	0.030	10
医药制造业	2.546	2.55	4.15%	9.2	3.42%	84648	0.027	0.029	11
木材加工和木、竹、藤、棕、草制品业	3.500	3.50	2.27%	16.5	1.80%	51405	0.021	0.028	12
非金属矿采选业	3.609	3.61	1.04%	7.3	0.65%	8138	0.007	0.025	13
黑色金属矿采选业	2.708	2.71	2.41%	8.7	1.16%	47870	0.024	0.025	14
金属制品业	3.079	3.08	1.29%	−0.8	0.95%	10055	0.008	0.020	15
文教、工美、体育和娱乐用品制造业	2.434	2.43	2.42%	−11.1	3.30%	13397	0.008	0.020	16
食品制造业	2.712	2.71	1.83%	−5.2	1.14%	342190	0.228	0.020	17
酒、饮料和精制茶制造业	2.846	2.85	1.22%	8.9	0.94%	20337	0.019	0.019	18
橡胶和塑料制品业	2.180	2.18	2.39%	5.1	2.42%	30180	0.019	0.019	19
通用设备制造业	1.620	1.62	2.82%	14.4	2.82%	20546	0.015	0.018	20
汽车制造业	2.145	2.15	1.47%	30.7	1.14%	6465	0.007	0.017	21
家具制造业	2.380	2.38	1.06%	35.2	1.09%	4150	0.005	0.016	22
造纸和纸制品业	2.737	2.74	1.04%	−3.2	1.47%	21669	0.025	0.015	23

由表 5-2 可知，2015 年，吉安市的地区生产总值为 1328.52 亿元，三次产业结构比为 16.4∶49.5∶34.1，是一个农业占比较高，第二产业和第三产业相对发展不突出的城市。吉安市的能源消耗总量为 444.45 万吨标准煤，单

位GDP能耗为0.33吨标准煤/万元，为江西省最低。吉安市人均GDP只有4363美元，经济发展在江西省处于下游水平。因此，在建设现代生态文明区域选择产业时应注重一、二、三产业融合，注重现代化高科技农业的发展，延伸农业产业链；有重点地发展第二产业；在第二产业中集聚优质的行业，以此为基础发展生产性服务业。

通过表5-21可以看出，吉安市的优势产业为计算机、通信和其他电子设备制造业，电气机械和器材制造业，具有产业附加率高、就业人数多、全员劳动生产率高、行业产值高以及能耗低的优势。而农副食品加工业、皮革、毛皮、羽毛及其制品和制鞋业，纺织服装、服饰业，医药制造业，通用设备制造业，化学原料和化学制品制造业等产业附加率高，单位工业增加值低，有一定产业基础和区域优势的行业可以重点扶持。需要转移或者减缓发展的行业：石油加工、炼焦和核燃料加工业以及非金属矿采选业。

由表5-9可知，吉安市2015年第一产业占总产值比为16.4%，第三产业占比为34.1%。而第一产业又以农业为主，第三产业以批发零售业为主。这两个产业价值转化率都不高，对经济的拉动作用慢。吉安市拥有丰富的红色资源、文化底蕴以及农业基础，因此，可以大力推广红色教育旅游+文化风景旅游+生态农业的全域旅游模式，加快旅游产业的发展，促进传统型服务业向生态型服务业转型；以第二产业为依托，推动工业园区和开发区内的物流、电子信息等生产性服务业的发展。

表5-22　宜春市各行业综合评价结果

行业分类	X1	X2	X3	X4	X5	X6	X7	综合得分	排名
非金属矿物制品业	0.252	23.28	16.50%	8.6	18.81%	3888079	2.759	0.116	1
电气机械和器材制造业	0.178	18.57	9.49%	11.8	9.54%	104854	0.184	0.064	2
医药制造业	0.195	21.13	7.51%	5.9	7.28%	51755	0.105	0.052	3
化学原料和化学制品制造业	0.268	32.11	6.57%	10.7	5.76%	194310	0.327	0.047	4
纺织业	0.234	28.28	6.43%	18.3	5.59%	67207	0.132	0.045	5
有色金属冶炼和压延加工业	0.182	42.14	6.02%	19.6	2.74%	81844	0.221	0.036	6
农副食品加工业	0.173	30.96	5.56%	9.7	3.27%	41578	0.128	0.034	7

续表

行业分类	X1	X2	X3	X4	X5	X6	X7	综合得分	排名
橡胶和塑料制品业	0.241	41.71	5.38%	12.0	3.26%	58073	0.133	0.037	8
食品制造业	0.375	44.83	4.02%	10.1	3.53%	111262	0.218	0.036	9
金属制品业	0.253	45.52	3.72%	13.3	2.18%	22225	0.070	0.029	10
木材加工和木、竹、藤、棕、草制品业	0.226	20.55	3.32%	6.4	3.84%	44631	0.176	0.029	11
皮革、毛皮、羽毛及其制品和制鞋业	0.351	11.12	3.28%	6.0	10.87%	13748	0.035	0.052	12
通用设备制造业	0.247	33.49	2.46%	8.3	1.90%	13596	0.066	0.022	13
酒、饮料和精制茶制造业	0.330	39.58	2.43%	-0.1	2.13%	21469	0.079	0.025	14
计算机、通信和其他电子设备制造业	0.304	12.37	2.15%	9.9	5.55%	11446	0.052	0.031	15
黑色金属冶炼和压延加工业	0.146	40.03	1.99%	30.3	0.76%	32651	0.332	0.017	16
石油加工、炼焦和核燃料加工业	0.270	175.22	1.06%	21.4	0.17%	102896	1.060	0.035	17
煤炭开采和洗选业	0.435	18.98	0.76%	3.2	1.82%	435810	3.914	0.018	18
汽车制造业	0.263	32.02	0.68%	1.1	0.59%	5073	0.084	0.013	19
非金属矿采选业	0.406	37.00	0.36%	-7.8	0.42%	138010	2.786	0.015	20
其他制造业	0.056	11.10	0.11%	-52.3	0.06%	380	0.185	0.002	21

由表5-2可知，2015年，宜春市的地区生产总值为1621.02亿元，三次产业结构为14.6：51.7：33.7，第三产业的比重为江西省最低。宜春市的能源消耗总量为966.54万吨标准煤，单位GDP能耗为0.6吨标准煤/万元，与九江市齐平，是一个以第二产业为经济支撑，能源消耗量高的城市。

通过表5-22可以看出，工业产值占比高的五个行业——非金属矿物制品业，电气机械和器材制造业，医药制造业，化学原料和化学制品制造业，纺织业，有色金属冶炼和压延加工业在就业人数比重、产业附加值、工业增加值增长速度这些指标接近平均值。但从能源消耗和单位工业增加值能耗这两方面看，非金属矿物制品业的能源消耗占宜春市整个规模以上工业的48%，而工业产值仅占16.5%。能源消耗与产生的经济效益极不匹配，应该加大该行业的科技投入，提高产品价值，降低能源消耗。像煤炭开采和洗选业这种产业规模不大、产值不高、能耗却非常高的产业应该考虑减少投入或者转移该产业，然后引进一些科技含量高的产业重点发展。

宜春市的第一产业中农业的产值仅只低于赣州市和抚州市，素有“农业上郡，赣中粮仓”之称。畜牧业也发展强劲，产量占全省的25%。但第一产业的商品转化率非常低，总产值排第二位的宜春市，商品率也只有71.43%，在江西省第一产业占比高的地区中排倒数第二位。第三产业也主要是集中在批零住餐业，多为生活性服务业，可以依托第二产业发展信息咨询行业、电子商务行业。同时，利用丰富的农业和自然资源发展生态农业旅游和观光旅游。

表 5-23　景德镇市各行业综合评价结果

行业分类	X1	X2	X3	X4	X5	X6	X7	综合得分	排名
非金属矿物制品业	0.271	34.86	20.82%	17.1	23.99%	405383	0.568	0.171	1
化学原料及化学制品制造业	0.254	59.45	22.64%	11.2	14.35%	396347	0.545	0.150	2
石油加工、炼焦及核燃料加工业	0.180	15.72	7.82%	0.4	13.25%	748271	4.213	0.078	3
交通运输设备制造业	0.161	18.96	8.14%	18.8	10.25%	3686	0.022	0.071	4
医药制造业	0.330	48.79	6.19%	11.9	6.20%	69390	0.269	0.059	5
通用设备制造业	0.195	21.94	5.26%	-3.5	6.92%	8574	0.066	0.050	6
黑色金属冶炼及压延加工业	1.202	6.23	0.02%	82.2	0.53%	841	0.299	0.041	7
煤炭开采和洗选业	0.386	8.01	0.80%	-10.9	5.72%	8718	0.223	0.033	8
木材加工及竹、藤、棕、草制品业	0.279	124.23	0.56%	27.7	0.19%	1585	0.080	0.026	9
电气机械及器材制造业	0.241	19.58	1.77%	11.4	3.23%	6477	0.120	0.025	10
造纸及纸制品业	0.255	108.25	0.91%	18.6	0.32%	871	0.030	0.025	11
酒、饮料和精制茶制造业	0.276	24.59	1.13%	5.5	1.88%	2208	0.056	0.020	12
家具制造业	0.277	38.46	0.75%	28.7	0.80%	653	0.025	0.017	13
印刷和记录媒介复制业	0.323	42.88	0.45%	16.2	0.51%	2377	0.129	0.017	14
食品制造业	0.241	33.71	0.94%	22.6	1.00%	3242	0.113	0.017	15
专用设备制造业	0.348	27.66	0.41%	-2.9	0.77%	614	0.034	0.017	16
橡胶和塑料制品业	0.259	26.80	0.66%	21.9	0.95%	4252	0.196	0.015	17

续表

行业分类	X1	X2	X3	X4	X5	X6	X7	综合得分	排名
金属制品业	0.231	52.44	0.42%	29.3	0.28%	424	0.034	0.015	18
通信设备、计算机及其他电子设备	0.146	11.43	1.18%	-60.8	2.24%	4105	0.188	0.015	19
农副食品加工业	0.209	43.05	0.64%	4.3	0.46%	839	0.049	0.014	20
纺织服装、服饰业	0.243	24.51	0.22%	6.2	0.32%	431	0.064	0.010	21
有色金属矿采选业	0.197	27.00	0.30%	15.3	0.33%	544	0.072	0.010	22
非金属矿采选业	0.199	6.64	0.23%	-26.4	1.01%	6240	1.086	0.008	23
仪器仪表及文化、办公用机械制造	0.258	10.38	0.04%	-53.07	0.13%	18	0.016	0.007	24
黑色金属矿采选业	0.292	2.97	0.01%	-70.4	0.14%	13	0.038	0.007	25
有色金属冶炼及压延加工业	0.187	2.16	0.02%	-84.5	0.23%	854	2.038	0.003	26
仪器仪表制造业	0.257	19.40	0.34%	12.0	0.47%	2929	0.100	0.010	27
有色金属矿采选业	1.674	95.57	0.22%	9.0	0.40%	16219	0.133	0.045	28
化学纤维制造业	0.251	40.62	0.17%	-19.5	0.11%	1948	0.135	0.011	29
其他制造业	0.056	11.10	0.11%	-52.3	0.06%	380	0.185	0.002	30
黑色金属矿采选业	0.229	110.18	0.07%	25.5	0.02%	115	0.020	0.021	31

由表 5-2 可知，2015 年，景德镇市的地区生产总值为 772.06 亿元，第二产业在三次产业结构中占 56.7%。同样作为一个第二产业比重高的地区，景德镇市的能源消耗情况处于刚刚“及格”的状态，单位 GDP 能耗为 0.5 吨标准煤/万元，与江西省的数值一样。景德镇市的第一产业没有产业发展的地理地域优势，因此，第一产业不必做过多的调整，可以重点在二、三产业的比重中做出调整。

通过表 5-23 可以看出，虽然化学原料及化学制品制造业和非金属矿物制品业在能源消耗方面占景德镇市规模以上工业的 47%，但这两个行业的产值占景德镇市规模以上工业总产值的 43.47%，单位工业增加值能耗也基本在 0.5 吨标准煤/万元的水平，可以继续作为传统优势产业发展。陶瓷制品业由于缺少能源消耗方面的数据，在表 5-23 中没有进行比较，作为景德镇市的传统和名牌产业，陶瓷产业在景德镇市规模以上工业的产值占比达到了 13.1%，但全市陶瓷行业实际上缴税仅占全市财政收入的1.76%，对财政贡献作用小。石油加工、炼焦及核燃料加工业在景德镇规模以上工业总产值的占比为7.82%，但能源消耗量却在表中行业分类中排第一（748271吨标准煤），在生态文明区域的产业选择中不是优先选择的行业。因此，应该对该行业能源消耗方面加强改进或者减小规模。交通运输设备制造业、医药制造业等经济效益高、能源消耗低且已经初具产业规模的行业可以加大投入，重点发展。

景德镇市第三产业在三次产业结构中占35.9%，2015年第三产业固定资产投资增长速度为24.7%，第三产业的占比近年在稳步上升中。景德镇市第三产业以传统的生活性服务业为主——物流、餐饮、仓储、邮政等，发展方式比较粗放，应该依托第二产业加快生活性服务业向生产性服务的转型。

表5-24 上饶市各行业综合评价结果

行业分类	X1	X2	X3	X4	X5	X6	X7	综合得分	排名
有色金属冶炼和压延加工业	0.275	78.67	32.85%	5.75	11.83%	280914	0.148	0.224	1
电气机械和器材制造业	0.161	35.22	18.91%	20.82	15.47%	95902	0.086	0.145	2
化学原料和化学制品制造业	0.053	32.07	4.27%	−10.75	5.64%	190129	0.516	0.046	3
非金属矿物制品业	0.050	33.10	3.68%	4.94	5.16%	1613509	4.635	0.042	4
农副食品加工业	0.037	47.28	4.29%	4.8	2.65%	19087	0.075	0.039	5
黑色金属冶炼和压延加工业	0.033	86.48	2.58%	29.75	1.30%	44758	0.196	0.036	6
纺织服装、服饰业	0.035	17.27	2.87%	3.72	6.84%	6441	0.027	0.036	7
纺织业	0.033	22.17	3.17%	19.61	4.98%	19339	0.086	0.034	8
通用设备制造业	0.023	11.43	2.85%	10.75	6.82%	14728	0.093	0.032	9
有色金属矿采选业	0.036	47.27	1.21%	111.82	2.59%	36372	0.146	0.031	10
计算机、通信和其他电子设备制造业	0.035	31.87	1.77%	13.05	3.67%	7210	0.030	0.029	11
文教、工美、体育和娱乐用品制造业	0.025	36.33	2.30%	13.66	2.35%	14039	0.081	0.026	12
非金属矿采选业	0.026	43.22	1.91%	5.14	2.07%	58264	0.320	0.026	13
食品制造业	0.020	52.87	1.72%	12.91	1.29%	58118	0.420	0.024	14
金属制品业	0.018	20.15	2.11%	10.21	2.99%	17660	0.144	0.022	15
医药制造业	0.018	33.06	1.80%	13.52	1.83%	36672	0.298	0.021	16
皮革、毛皮、羽毛及其制品和制鞋业	0.019	15.76	0.99%	6.02	4.02%	2605	0.020	0.020	17

续表

行业分类	X1	X2	X3	X4	X5	X6	X7	综合得分	排名
木材加工和木、竹、藤、棕、草制品业	0.009	7.53	1.27%	4.53	3.87%	10414	0.175	0.016	18
专用设备制造业	0.012	31.38	1.02%	9.6	1.26%	29373	0.363	0.015	19
汽车制造业	0.007	16.08	1.24%	13.45	1.45%	6326	0.133	0.013	20
铁路、船舶、航空航天和其他运输设备制造业	0.000	5.74	0.01%	-34.95	0.04%	15	0.033	0.001	21

由表 5-2 可知，2015 年，上饶市的地区生产总值为 1650.81 亿元，三次产业结构为16.5∶48.7∶37.8。第一产业占比在江西省排名第一，生产值为 228.80 亿元，在江西省位居第三位，仅次于赣州市和宜春市。产业结构与吉安市相似，单位 GDP 能耗（0.41 吨标准煤/万元）在江西省不高。因此，同样上饶市应该加大第一、第三产业的融合，推动第三产业的发展。同时，重点发展第二产业中的高新技术行业、经济效益高的行业以及能耗较低的行业。

通过表 5-24 可以看出，有色金属冶炼、压延加工业和电气机械、器材制造业的总产值约占整个上饶市规模以上工业总产值的 52%，而能源消耗量却不到规模以上工业的 10%，且全员劳动生产率和产业附加值的指标都比较理想。非金属矿物制品业占规模以上工业总值比重的 3.68%，而能源消耗为 1613509 吨标准煤，单位工业增加值能耗竟达到 4.63 吨标准煤/万元，不符合生态文明示范区域的发展要求，应该减少投入，缩小规模。应加大对农副食品加工业、汽车制造业等产业发展前景好、能耗低的行业的投入和建设。

在第一产业的发展上，上饶市与宜春市有一个同样的问题：商品产值低、产品化不高。上饶市农、牧、渔业发展均衡，资源丰富，对于发展食品加工业和生态旅游业有天然的地域优势。上饶市第三产业发展在江西省产值高，但是第三产业的占比不高，主要是依靠批发零售、运输业和旅游业，发展很大程度上处于自发的初级阶段，新型行业发展滞后。因此，在加大旅游业投入的同时，还要关注金融等行业的发展。

表 5-25 萍乡市各行业综合评价结果

行业类别	X1	X2	X3	X4	X5	X6	X7	综合得分	排名
非金属矿物制品业	3.48	0.243	27.01	26.15%	22.64%	1.026	1575877	0.317	1
化学原料和化学制品制造业	17.16	0.280	35.86	13.76%	10.34%	0.186	173283	0.167	2
煤炭开采和洗选业	-6.03	0.355	11.08	2.97%	9.16%	14.547	3706279	0.072	3
黑色金属冶炼和压延加工业	-4.64	0.123	12.31	4.34%	4.16%	5.851	752062	0.056	4
皮革、毛皮、羽毛及其制品和制鞋业	9.16	0.286	5.86	1.27%	5.95%	0.086	7574	0.043	5
通用设备制造业	20.29	0.281	32.16	2.60%	2.18%	0.145	25456	0.041	6
专用设备制造业	7.77	0.273	32.36	2.50%	2.03%	0.121	19878	0.039	7
电气机械和器材制造业	-6.03	0.235	17.56	1.87%	2.40%	0.130	13775	0.032	8
汽车制造业	17.28	0.288	38.56	1.68%	1.21%	0.123	14334	0.031	9
纺织服装、服饰业	6.49	0.341	13.07	0.80%	2.01%	0.045	2948	0.023	10
农副食品加工业	14.61	0.271	29.42	0.99%	0.88%	0.091	5882	0.021	11
造纸和纸制品业	2.2	0.281	24.81	0.73%	0.80%	0.076	3784	0.018	12
食品制造业	11.71	0.280	37.76	0.57%	0.41%	0.070	2688	0.018	13
非金属矿采选业	19.36	0.319	25.30	0.41%	0.50%	0.375	11808	0.015	14
橡胶和塑料制品业	-0.93	0.343	23.75	0.40%	0.55%	0.054	1760	0.015	15
印刷和记录媒介复制业	15.54	0.313	20.16	0.39%	0.58%	0.044	1278	0.014	16
计算机、通信和其他电子设备制造业	4.52	0.294	15.15	0.43%	0.80%	0.004	116	0.014	17
金属制品业	23.88	0.206	16.42	0.55%	0.66%	0.227	6182	0.014	18
黑色金属矿采选业	-1.39	0.177	7.56	0.51%	1.15%	4.501	98651	0.012	19
石油加工、炼焦和核燃料加工业	-29.57	0.174	3.55	0.38%	1.80%	37.142	595756	0.012	20
酒、饮料和精制茶制造业	4.29	0.276	18.46	0.22%	0.31%	0.011	163	0.010	21

由表 5-2 可知，2015 年，萍乡市的地区生产总值为 912.39 亿元，三次产业结构为 6.9∶56.7∶36.4，单位 GDP 能耗 0.98 吨标准煤/万元。不管是从产业结构还是能源消耗方面都与新余市非常接近。因此，需要对第二产业中能耗高、产业规模不大的行业进行筛选，加大对第三产业的投入。

通过表 5-25 可以看出，非金属矿物制品业、陶瓷品制造业、化学原料和化学制品制造业分别占规模以上工业总产值的26.15%、20.76%和13.76%，陶瓷品制造业而其中非金属矿物制品业的能耗高，单位工业增加值能耗超过了1吨标准煤/万元。作为萍乡市产值贡献最多的行业，如果不能通过产业升级来降低单位工业增加值能耗，那么可以考虑减缓这个行业的发展，并且加大对市场需求大、发展前景好、技术含量高、能实现产业化和规模化生产的企业的投入。煤炭开采和洗选业，黑色金属冶炼和压延加工业，石油加工、炼焦和核燃料加工业占规模以上工业总产值比不高，但是能耗量却占萍乡市2015年整体能耗的56%，应当考虑逐步关闭这几个行业中规模较小的企业。

表5-26　抚州市各行业综合评价结果

行业类别	X1	X2	X3	X4	X5	综合得分	排名
有色金属冶炼和压延加工业	0.195	69.30	15.47%	2.8	5.32%	0.087	1
纺织服装、服饰业	0.286	14.69	6.91%	-11.1	11.21%	0.059	2
化学原料和化学制品制造业	0.233	30.89	9.10%	13.1	7.02%	0.059	3
电气机械和器材制造业	0.248	25.58	8.24%	22.3	7.67%	0.057	4
橡胶和塑料制品业	0.217	20.35	6.95%	15.5	8.14%	0.050	5
非金属矿物制品业	0.269	24.35	6.42%	11.9	6.28%	0.048	6
纺织业	0.202	16.94	5.19%	5.6	7.29%	0.039	7
医药制造业	0.245	30.42	4.48%	11.6	3.51%	0.035	8
汽车制造业	0.224	20.51	4.45%	11.2	5.17%	0.034	9
农副食品加工业	0.205	28.46	4.16%	8.8	3.48%	0.031	10
计算机、通信和其他电子设备制造业	0.285	23.02	3.26%	22.7	3.37%	0.031	11
黑色金属冶炼和压延加工业	0.199	68.17	1.04%	71.2	0.36%	0.030	12
皮革、毛皮、羽毛及其制品和制鞋业	0.293	12.75	2.38%	5.7	4.44%	0.027	13
造纸和纸制品业	0.235	19.71	2.68%	8.0	3.25%	0.024	14
专用设备制造业	0.243	31.66	1.90%	21.0	1.43%	0.022	15
文教、工美、体育和娱乐用品制造业	0.249	14.98	2.17%	10.6	3.45%	0.022	16
食品制造业	0.248	27.34	1.92%	8.5	1.67%	0.021	17
酒、饮料和精制茶制造业	0.333	25.60	1.07%	-3.3	0.99%	0.021	18
木材加工和木、竹、藤、棕、草制品业	0.236	12.64	2.07%	-13.6	3.89%	0.021	19
金属制品业	0.203	17.50	2.10%	20.4	2.86%	0.019	20

续表

行业类别	X1	X2	X3	X4	X5	综合得分	排名
通用设备制造业	0.249	22.99	1.32%	26.3	1.37%	0.017	21
家具制造业	0.272	16.11	1.06%	1.2	1.56%	0.015	22

由表5-2可知，2015年，抚州市的地区生产总值为1105.14亿元，三次产业结构为16.5：49.7：33.8，单位GDP能耗0.39吨标准煤/万元。产业结构与能源消耗与吉安市基本一致。但抚州因为地理上的交通劣势，第二产业产值的增速却比吉安市慢，规模以上工业增加值在全省比重始终在5%徘徊。因此，在生态文明示范区建设过程中主要对第一产业和第三产业进行调整，加大发展高新技术行业。

通过表5-26可以看出，有色金属冶炼和压延加工业、化学原料和化学制品制造业、橡胶和塑料制品业、非金属矿物制品业这些传统行业约占规模以上工业总产值的40%。该类行业产品低端，市场竞争力弱，容易面临高端挤压和低端竞争。应该加大对此类行业的技术投入和产业延伸。抚州虽然在交通上存在先天的劣势，但好在背靠江西省省会南昌，可以充分抓住“一带一路”的机遇，大力发展医药制造业，汽车制造业，计算机、通信和其他电子设备制造业，纺织服装行业。这4类行业在表5-26中综合排名处于中偏上的位置，在规模以上工业产值占比中基本为4%左右，具有一定产业规模，具备发展生态文明示范区的产业优势。

抚州市第一产业产值为181.81亿元，三次产业结构在江西省排第一位，是江西省农业的主要产地，农业中又以果业发展最为突出。抚州市第一产业的商品率相比于其他地区相对较高，为77.41%。但比同样是第一产业占比高的吉安市略低。因此，可以以此促进一、二、三产业的融合发展，重点发展食品加工产业，延伸农业产业链。在旅游业的发展过程中推进生态旅游和文化旅游的发展，将抚州市的资源优势进行最大化地利用。

第三节　消费行为的引导

现如今，社会各界聚焦在绿色消费行为的引导上，对绿色消费行为的研究可以追溯到20世纪。20世纪七八十年代，绿色消费所思索的主要环节涉及的是重工产业的有害物质排放和之后的废料处理，以此方式来降低废料产生的污染的方法很难改变社会发展的模式。进入21世纪后，愈发庞大的工业规模带来了严重的环境污染，人类开始意识到工业社会与可持续发展社会是两个不同的理念，而且在这两个理念上必须用不同的思考方式去考虑，在绿色消费的观点上，涉及所要关注的从“ 废物控制”转变为“绿色产品”。但是要想落实此点，就需要人们改变观念，包括生活理念的调整、消费者行为的调整、文化模式的调整。

消费行为产生之后，再想办法去环保是非常难的。20世纪60—70年代西方开始盛行各种一次性用品，如一次性筷子、洗漱用品、袜子等。这种盛行的消费方式被称之为垃圾文化，这种一次性用品大量出现在生活中。这种便利的消费用品被人们大范围接受，相互推广，又导致其需求量进一步增大，最终促进其生产规模进一步扩大。但同时，绿色产品却很少有人问津，有很多原因造成了这种现象，比如，人们更倾向于那些造型独特且方便简单的产品，绿色产品有可能价格偏高等。但现如今，绿色设计的3R原则、LCA分析等都已形成自己的规模，并且越来越多的学者开始参与进来，人们发现这些标准准则贯彻实施后，确实能够减少污染。而且现如今环境污染问题已经引发了一系列潜在问题：白色污染、不可降解塑料、大量的生活垃圾造成了环境不可逆转的伤害，误食塑料造成窒息死亡的海洋生物也在迅速增长。人们开始意识到自己过去的消费行为对于每个人来说微不足道，但是每个人所产生的生活垃圾汇总起来对于整个环境的破坏是无法估量且很难逆转的。因此，消费者开始倾向于进行绿色消费。消费者开始注重环保，使用绿色产品的需求又再次推动了生产者扩大绿色产品生产规模。因此，引导消费者形成健康的消费方式非常重要。

一、通过绿色产品本身来进行引导

当某种产品身兼自身特性及对环境有益的性能时，比如可重复利用以及使用完后可轻松回收的产品，会培养消费者形成一种倾向于消费此类产品的习惯，以电为主要动力的新能源汽车刺激汽车消费，引导消费者选择新能源汽车。超过一半的特斯拉车主表示不会再购买燃油车，而实际证明已有特斯拉电动车的车主购买非燃油车的比例比燃油车车主高出27%。因此，绿色产品本身便是一种引导方式。

二、通过绿色资讯来引导

“地球之友”曾统计，全球现有63%的人无法分辨绿色产品。造成这种情况的主要原因是产品的设计在“绿色”上不突出。生产者应想办法提高绿色产品的辨识度，将绿色资讯展示到最大化。The Body Shop曾提倡一种名为“一次并不够”的消费行为引导实验，其宗旨是倡导消费者意识到自己已拥有可以重复利用的东西，而不是去买新的。其方法是在25个瓶子的包装上，用明显的拟人化标语提示消费者，标语包括：重复使用、可行、延续、再次，等等。这些“绿色资讯”给消费者造成了心理暗示：手中的产品是可以重复利用的。在这样的标语影响下，消费者在消费时，都会自带其已经使用过的玻璃瓶，30%左右的实验对象表明这些“绿色资讯”确实对他们的购物方式产生影响。

1990年沃尔玛也曾做过类似的实验，其通过委员会决定，建立了一个“环保超市”，将其命名为Eco-Mart，这个超市从建筑材料、建筑方式、贩售宗旨、进货、销售、回收、垃圾处理都用了全新的理念：绿色消费，循环利用。这个超市具有以下一些功能：环境的教育者；为绿色产品创造市场和机会；在社区以一个环境友好的姿态出现，成为社区居民的好邻居。

在设计上，使用可再生性的模板去构建屋顶，尽量使用自然光、反射光来减少电灯的使用，从而节省能源消耗。设计师用再生性木资源作为木结构屋顶；大量采用天光、反射结构减少电能消耗；大范围地采用太阳能。顾客在进入超市大门时，便会被各种“绿色资讯”包围。

另外，沃尔玛单独建立了一个环境教育室以延伸它对消费者的绿色影响。教育室内体现了整个超市的绿色建立理念以及其建筑所选取的绿色材料，消费者所使用的各类家具尽量做到了以可以回收的绿色材料为原料，墙上的绘图颜色是以绿色为基调，还有就是以天然材料修筑的鸟巢作为点缀品……，这些视觉上的“绿色资讯”在设计师刻意展示下，对消费者形成了强烈的冲击，不停地暗示他们环保的重要性，唤醒他们绿色消费的意识。

其次，超市作为生产和消费之间的一个连接点，从绿色环保出发，沃尔玛对供应商要求其提供的产品要做到：减少包装，使用回收的产品，具有高效环境性能的产品等。大量的供应商做出了回应，对各自的产品进行了调整，因为他们觉得这将会是一种很好的展示，可以从源头上为消费者提供健康的“绿色资讯”。在这个实验中，消费者购买绿色产品的概率提高了 15 个百分点，证明了绿色资讯的大量合理利用可以改变消费者的购物方式，引导其合理的绿色消费。

当消费者进入消费场所时，会被各种各样的资讯所包围，有形的资讯包括：场所的布置、温度等，其可以给消费者以直观的感受影响其购物体验；无形的资讯又有：引导语、服务态度等，其可以在感情层面影响消费者的购物方式。这些资讯充斥在消费者各个购物环节中，若是能将其合理利用，将其转化为绿色资讯，那么便可以用健康的引导方式引导消费者进行绿色消费。

参考文献

［1］［美］霍肯．商业生态学：可持续发展的宣言［M］．夏善晨，余继英，方堃，译．上海：上海译文出版社，2007：50-51.

［2］［英］Joseph-M- Abe，David A. Bassett，Patricia. Dempsey. Business Ecology，Giving Your Organization the Natural Edge［M］. Butterworth-Heinemann Ltd，1998：16.

［3］钟宏武，许英杰．中国企业生态文明建设现状及使命［J］．企业文明，2012（6）：31-34.

［4］赵杰红，周暗，刘家欣．让企业在生态文明建设中变绿［J］．环境经济，2012（4）：61-63.

［5］任哲，周波．浅谈煤炭企业如何推进生态文明建设、促进矿区绿色发展［J］．企业管理，2013（5）：21.

［6］张倩．典型石油污染场地有机污染物分布特征及其影响因素分析［D］．北京：中国地质大学（北京），2009：1-4.

［7］崔磊．大庆油田开采对生态环境的破坏及应采取的措施［J］．黑龙江环境通报，2006，30（1）：40-41.

［8］宫燕，刘惠清．石油开采对大庆市生态环境影响的初探［J］．农业与技术，2005，25（5）：44-45.

［9］田凯．浅析大庆市生态市建设背景及生态环境现状评价［J］．黑龙江科技信息，2008（11）：114.

［10］章中成．重庆环境科学［J］．理论研究，1999，21（1）：1-2.

［11］王登阁．孤岛油区土壤中石油有机污染的来源与特征［D］．济南：山东大学，2013.

［12］夏凤英．石油类场地典型挥发/半挥发性污染物分布及环境风险研究［D］．北京工商大学，2010：1-5.

［13］李榜江．贵州山区煤矿废弃地重金属污染评价及优势植物修复效应研究［D］．重庆西南大学，2014.

［14］胡振琪，杨秀红．论矿区生态环境修复［J］．科技导报，2005（1）：38-41.

［15］陈丽贞．经济发展对生态文明建设影响程度的实证研究——基于模糊综合评价模型［J］．赤峰学院学报（自然版），2016，32（16）：133-135.

［16］龙芸．燃煤电厂 CO_2 排放计算模型与方法研究［D］．重庆大学，2016.

［17］周龙．关于火电厂节能减排的简析［J］．北京电力高等专科学校学报：自然科学版，2012（29）：89-89.

［18］［美］约翰·霍德伦．能源与环境：新的问题［J］．国外科学社会文摘，2001（6）：62.

［19］张波．中国能源发展及其对经济与环境的影响［J］．能源与环境，2015（3）：10.

［20］米璇．甘肃能源消费状况对环境的影响研究［D］．甘肃：兰州大学，2013.

［21］韩潇源．黄河三角洲石油开发的环境影响定量评价研究［D］．山东：中国海洋大学，2009.

［22］苑丹丹．油田典型石油污染源分析及其对生态影响评价［D］．黑龙江：东北石油大学，2011.

［23］王洪涛，李光富．石油污染物在土壤中运移的数值模拟初探［J］．环境科学学报，2000，20（6）：755-760.

［24］牛冲槐．我国能源安全性分析（四）［J］．太原理工大学学报，2006（3）：59-63.

［25］王晓霞．山西煤炭开采的问题与对策研究［J］．山西煤炭，2006（4）.

[26] 杨少华．大恒煤矿开采对环境的影响及解决措施分析［J］．山西煤炭，2015（6）．

[27] 胡名威．雾霾的经济学分析［J］．经济研究导刊，2013（16）．

[28] 苟建林．天然气勘探开发项目综合环境影响评价研究［D］．四川：西南石油大学，2013．

[29] 竺家亨．能源发展及其对环境的影响［J］．国际技术经济研究学报，1990（1）．

[30] 秦万德．以煤炭为主的能源结构对环境的影响及对策［J］．管理世界，1990（3）．

[31] 陈尧．中国近海石油污染及防治［J］．工业安全与环保，2003，29（11）：20-24．

[32] 郭志平．我国近海面临的石油污染及其防治［J］．浙江海洋学院学报（自然科学），2004，23（3）：269-272．

[33] 赵云英．溢油在海洋环境中的风化过程［J］．海洋环境科学，1997，16（1）：45-52．

[34] 刘东生．农村可再生能源建设项目环境影响评价方法及案例研究［D］．北京：中国农业大学，2004．

[35] 孙楠．农村能源建设对农业生态环境的影响［J］．农村经济研究，2017（2）．

[36] John Sheehan，Vince Camobreco，et al. An Overview of Biodiesel and Petroleum Diesel Life Cycles［A］. National Renewable Energy Laboratory，1998.

[37] Schro der O，Krahl J，Munack A，et al. Environmental and Health Effects Caused by the Use of Biodiesel［A］. SAE Paper No，1999.

[38] 程振华．能源生产和利用对环境的影响（续）［J］．环境科学动态，1987（6）：05-12．

[39] 范军．天然气长输管道建设对生态环境的影响及防范措施［J］．油气田环境保护，2010（3）：09-12．

[40] 赵欣然．西伯利亚燃料能源综合体对环境的影响［J］．西伯利亚研

究，2012（6）：89-92.

［41］陈勇泉．浅析水能开发对生态环境的影响［J］．中国水能及电气化，2017（3）：15-18.

［42］BP 世界能源统计年鉴［DB/OL］．http：//data. stats. gov. cn/index. htm.（2017 版，2005 版）

［43］胡昳，徐广忠．找准能源结构调整与经济发展平衡点［N］．中国电力报，2015-09-12（002）.

重要术语索引表

附录 A

时间	人均生产总值(元)										
	南昌市	景德镇市	萍乡市	九江市	新余市	鹰潭市	赣州市	吉安市	宜春市	抚州市	上饶市
1998	9122. 00	5498. 00	4756. 00	3797. 00	5297. 00	3608. 00	3047. 00	2956. 00	3394. 00	3147. 00	2508. 00
1999	9600. 00	5981. 00	5216. 00	4284. 00	5668. 00	4407. 50	3227. 00	3206. 00	3563. 00	3288. 50	2678. 50
2000	10078. 00	6464. 00	5676. 00	4771. 00	6039. 00	5207. 00	3407. 00	3456. 00	3732. 00	3430. 00	2849. 00

时间	每公顷农作物播种面积农药使用量(千克/公顷)										
	南昌市	景德镇市	萍乡市	九江市	新余市	鹰潭市	赣州市	吉安市	宜春市	抚州市	上饶市
2009	16. 60	12. 45	19. 52	18. 43	14. 02	14. 70	16. 47	13. 73	12. 22	23. 52	27. 18
2010	16. 38	10. 69	21. 18	19. 61	14. 16	11. 77	17. 37	13. 62	12. 11	25. 11	24. 63
2011	15. 74	9. 15	23. 07	21. 17	14. 28	8. 73	18. 13	13. 78	12. 17	26. 66	22. 84
2012	15. 51	9. 30	14. 93	22. 64	14. 31	9. 66	19. 15	15. 41	12. 75	24. 78	22. 46
2013	15. 20	9. 73	15. 19	22. 07	13. 84	10. 24	18. 77	15. 54	13. 37	24. 40	21. 85
2014	7. 97	9. 85	15. 08	20. 94	13. 12	10. 80	19. 93	14. 69	13. 00	24. 23	21. 54

时间	人均年消费水平(元)										
	南昌市	景德镇市	萍乡市	九江市	新余市	鹰潭市	赣州市	吉安市	宜春市	抚州市	上饶市
2011	24975	13489	9660	8925	12326	9512	5912	6329	7866	5177	6195
2012	28051	14637	10323	10115	13465	10480	6604	7196	8810	6007	6759
2013	26513	14063	9992	9520	12896	9996	6258	6763	8338	5592	6477
2014	27282	14350	10157	9818	13180	10238	6431	6979	8574	5800	6618

时间	城市公共交通客运总量与年均总人口之比(百分比)										
	南昌市	景德镇市	萍乡市	九江市	新余市	鹰潭市	赣州市	吉安市	宜春市	抚州市	上饶市
2000	64.417	18.685	14.908	23.030	19.240	22.827	2.567	1.421	2.066	2.780	1.756
2001	69.542	18.696	15.379	20.386	19.032	8.862	4.007	2.203	2.204	2.733	0.726
2002	68.937	21.534	22.167	20.988	23.611	6.551	4.817	3.452	4.015	2.871	1.014
2003	68.411	24.337	28.869	21.594	28.149	4.285	5.616	4.681	5.800	3.008	1.297

附录 B

时间	建成区绿化覆盖率（百分比）										
	南昌市	景德镇市	萍乡市	九江市	新余市	鹰潭市	赣州市	吉安市	宜春市	抚州市	上饶市
2001	34. 84%	35. 12%	28. 82%	30. 50%	28. 83%	18. 47%	26. 37%	19. 98%	32. 80%	12. 61%	27. 89%
2002	35. 77%	37. 61%	34. 81%	30. 67%	33. 69%	23. 42%	25. 44%	21. 34%	34. 65%	12. 66%	30. 74%
2003	36. 69%	40. 10%	40. 79%	30. 83%	38. 55%	28. 37%	24. 50%	22. 70%	36. 50%	12. 70%	33. 59%

时间	每公顷农作物播种面积化肥施用量（千克/公顷）										
	南昌市	景德镇市	萍乡市	九江市	新余市	鹰潭市	赣州市	吉安市	宜春市	抚州市	上饶市
2009	270. 28	198. 50	264. 22	301. 55	195. 22	200. 13	294. 30	186. 37	244. 10	321. 31	173. 83
2010	277. 92	203. 12	261. 25	295. 96	212. 86	193. 72	294. 80	187. 29	241. 13	330. 69	176. 81
2011	278. 38	211. 09	261. 59	297. 45	230. 21	184. 68	293. 28	191. 88	241. 50	339. 52	184. 08
2012	278. 38	218. 19	284. 57	298. 43	204. 06	192. 23	299. 03	198. 53	232. 01	344. 08	182. 41
2013	276. 90	218. 66	285. 12	297. 64	219. 23	197. 39	310. 24	197. 27	240. 81	316. 74	182. 57
2014	277. 32	224. 69	282. 78	298. 69	291. 96	207. 29	307. 36	203. 14	239. 60	305. 84	187. 70

时间	人均公共绿地面积（平方米）										
	南昌市	景德镇市	萍乡市	九江市	新余市	鹰潭市	赣州市	吉安市	宜春市	抚州市	上饶市
2001	3.94	5.42	2.3	8.0	5.48	1.28	3.82	2.27	7.38	3.62	2.62
2002	5.23	5.49	5.4	7.9	6.64	1.91	5.41	2.97	7.76	3.57	4.83
2003	6.53	5.56	8.5	7.8	7.8	2.54	7.01	3.68	8.14	3.52	7.04

时间	人均道路面积（平方米）										
	南昌市	景德镇市	萍乡市	九江市	新余市	鹰潭市	赣州市	吉安市	宜春市	抚州市	上饶市
2001	5.04	3.59	4.78	5.85	8.14	5.96	5.56	5.18	7.72	6.98	4.93
2002	6.35	5.02	7.93	6.145	10.34	6.825	7.605	4.69	8.275	7.435	8.44
2003	7.67	6.45	11.08	6.44	12.54	7.69	9.65	4.2	8.83	7.89	11.95